Don't be
REASONABLE
when it comes to
EMPATHY

该共情的时候别讲道理

〔德〕莫妮卡·海因（Monika Hein）◎ 著

王阳 ◎ 译

中国友谊出版公司

图书在版编目（CIP）数据

该共情的时候别讲道理/(德) 莫妮卡·海因著；
王阳译. -- 北京：中国友谊出版公司，2022.10
ISBN 978-7-5057-5536-9

Ⅰ.①该… Ⅱ.①莫…②王… Ⅲ.①人际关系学 –
通俗读物 Ⅳ.①C912.11-49

中国版本图书馆CIP数据核字（2022）第157240号

著作权合同登记号　图字：01-2022-4535

Empathie: Ich weiß, was du fühlst
© 2018 GABAL Verlag GmbH, Offenbach
Published by GABAL Verlag GmbH
Simplified Chinese rights arranged through CA-LINK International LLC(www.ca-link.cn)

书名	该共情的时候别讲道理
作者	[德] 莫妮卡·海因（Monika Hein）
译者	王 阳
出版	中国友谊出版公司
发行	中国友谊出版公司
经销	北京时代华语国际传媒股份有限公司　010-83670231
印刷	唐山富达印务有限公司
规格	880×1230毫米　32开
	8.5印张　150千字
版次	2022年10月第1版
印次	2022年10月第1次印刷
书号	ISBN 978-7-5057-5536-9
定价	52.00元
地址	北京市朝阳区西坝河南里17号楼
邮编	100028
电话	（010）64678009

前 言

:

    2016 年夏天，我在基尔附近的达里（Darry）举办了一年一度的冥想活动，在这里遇到一位相当特别的女士。她脸上洋溢着灿烂的笑容，询问我的颈伤是怎么回事。这个颈伤折磨了我好几年。在持续多天的活动结束后，她通过一位女性密友获得我的联系方式，并带着自己年老的狗狗来送我。

    我们再一次见面是在汉堡 "Yoga. Wasser. Klang"①活动中，她在那里告诉了我一个好消息。她为我在欧洲最好的医院之一——汉堡史蒂姆医院（Hamburge Stimmklinik）预约了就诊。

---

    ① Yoga. Wasser. Klang（瑜伽·水·音乐）：德国汉堡的一种活动，来自国内外的瑜伽爱好者们聚集在一起，可以交流瑜伽练习心得，观看水艺术和音乐表演。

这次会面让我认识到了这位女士的独特之处。她不仅拥有机智的头脑，而且擅长感知他人情绪。她是一位母亲，同时也是一位聪慧、年轻而有创造力的女士，她圆满完成了学术培训并获得博士学位。她就是这本书的作者莫妮卡·海因博士（Dr. Monika Hein）。

对于"同理心"这个词，人们解读各异，但基本都表达了人们想要消除他人苦难和伤痛的愿望。

每年我在周游世界的时候，都会遇到很多不同社会背景的人。我发现，理解你的交流对象真的至关重要。我们生活中的大部分问题都源自误解。我们不应该仓促地得出结论，或者太快地做出决定或判断。我们需要时间和经验去认识一个人或者社会。

交流对于获得一段关系至关重要。相比于交流目的和方法，交流形式无足轻重。在开始交流之前，我们应该对自己要表达的内容有清晰的了解，因此我们需要同理心。我们必须先能够感知他人情绪再开口说话。

同理心可以通过两种方式体现：一方面，这个词的基本定义是理解他人感受和经历的能力；另一方面，同理心也要求我们在得出关于他人的结论之前先审视自己。

人人都有生活目标，每个人实现目标的方法可能不同。但是，生活中大家都在用各种方法追求幸福，这是众生的共性。

为了能够得到幸福，我们应该小心谨慎地对待自己的生活。这并不是利己主义，我们应该是最了解自己的人，对自己的生活目标有深层次的理解。实现幸福地生活着的目标，这样我们才会更有动力去帮助他人理解周围的事物，并且帮助我们不去评判别人，而是去理解他们。

好的心理状态是我们生活幸福的基础。它通常会在几秒钟内发生变化，就像天空突然间阴云密布。究其原因，一方面在于先前建立的模式，另一方面在于无法预料的遭遇。

理论上，我们的大脑从正常状态转为攻击状态会经过三个阶段。

1. 随眠阶段（Anusaya）①：在这种状态下，大脑摆脱了躁动，此时脑海中所有的想法都陷入沉睡，对外面一切动静毫无感知。

2. 激进阶段（Pariyuttana）：在这种状态下，一旦有想法冒出就会立刻打破平静，这在头脑中是个非常微妙的激进运动。

3. 表达阶段（Veethikkama）：此时会产生忧虑的想法，并设法通过言语和行为进行表达，暴力行为和粗暴、伤人的语

① 随眠阶段（Anusaya）：烦恼追随我人，令入昏昧沉重之状态；其活动状态细微难知，与对境及相应之心、心所互相影响而增强，以其束缚我人，故称为随眠。

言是这个阶段的典型特征。

　　显然，我们处在清醒的每一刻都处于这三个阶段中的某一个阶段。我们知道自己处于哪一个阶段时，就可以思考一下给自己多少时间和空间来理解事物。

　　在社会上，我们必须与周围的人打交道，家庭生活也会随着整个社会的参与而逐渐变化。在所有这些关系中，我们都应履行职责，这是一种责任。在我们履行责任之前，无法获得回报。

　　同理心意味着我们需要保持头脑的专注，以理解这些人际关系。理解他人不是件容易的事，我们不可能完全了解某人，因为人时时刻刻都在变化。但是，如果我们只注意其他人的变化而不关注我们自己的变化，将导致我们会因对方的改变而深受伤害，进而我们将会设法避免与他人接触甚至完全断绝往来。

　　不了解持续变化的本质，我们就难以维持健康的人际关系。每个人都有自己最优秀的品质，理解人的不同性格有助于我们真正地理解关系。如果我们能清楚地意识到这些，那么很多问题就都能迎刃而解了。我们不能期望每个人都能做到这些，因此同理心是必不可少的。

　　利用金钱以及多种不同的社会方式持续性地权衡人际关系，几乎使得各种社会关系中的亲密性消失了。亲密的友谊是建立在互动基础上的，对于增强亲密度而言，拥抱比金钱更重要。在这个世界上没有谁是毫无错误和弱点的完美之人，任何人都不能只是因为他有错误和弱点而被永远判为罪人。我们应对这些有错误和弱点的人的方式有以下三种供你选择：

1. 报复。
2. 为社会树立反面典型。
3. 避免犯错者犯更多错误，并为他指出正确的道路。

在这里，第三种方式是正确的。如果你爱的人犯错了，应当对他表现出爱和同情，报复只会导致仇恨和愤怒，而第二种方式则会导致不公平。

为了让脆弱的人际关系重获生机，莫妮卡博士独辟蹊径，提出"提高洞察力"这个方法。在和她的对话中，我描述了自己的经历，我们一致认为，去指责而不是协商，去抱怨而不是解释，只会导致误解和不必要的关系弱化。

莫妮卡·海恩博士具有丰富的社会经验，她的不懈努力令我赞叹不已，我祝她所有计划都能成功。

马丁·拉斯科尼格（Martin Laschkolnig）

共情能力测试

你是一个有共情力的人吗？

1. 对你而言很容易就能体会他人的内心情绪？
经常→3分　偶尔→2分　不是→1分

2. 当你看到别人流泪时，你总是情不自禁地流泪？
经常→3分　偶尔→2分　不是→1分

3. 看到别人脸色痛苦，你总是感觉内心被揪住一般？
经常→3分　偶尔→2分　不是→1分

4. 你总是试图通过理解别人来建立人际关系？
经常→3分　偶尔→2分　不是→1分

5. 对于他人提出的情感问题总能够给出有建设性的意见？
经常→3分　偶尔→2分　不是→1分

6. 如果你没有帮助到对方，你总会有一种愧疚感？
经常→3分　偶尔→2分　不是→1分

7. 对于他人的请求总是很难拒绝？
经常→3分　偶尔→2分　不是→1分

8. 对他人提出要求是件困难的事情？
经常→3分　偶尔→2分　不是→1分

9. 请他人帮忙是件难为情的事?

经常→3 分　　偶尔→2 分　　不是→1 分

10. 很少有人会邀请你逛街、吃饭?

经常→3 分　　偶尔→2 分　　不是→1 分

♥　　♥　　♥　　♥　　♥　　♥　　♥　　♥

10~15 分　共情力指数：★★

通过得分可以看出来，在你身上几乎没有共情力，理解他人内心的感受对你而言是非常困难的，同时由于你有着很强的自我意识，你从来不会管他人的情绪和感受。所以，你常常给人一种冷漠的、无情的、不懂得体恤他人的感觉。而你身上所表现出来的是一种高冷的气质，做事情总是喜欢讲道理，而绝不会掺杂个人感情。你充满理智，有很强的自我控制力，同时也是精力旺盛的人。

16~20 分　共情力指数：★★★

通过得分可以看出来，你身上有一定的共情力，这使得你看起来并不是那么的冷漠，对待朋友也表现出了应有的风度，虽然你也想和他人建立亲密的关系，但你总是给人一种若即若离的感觉。对你而言似乎什么事情都无所谓，做什么事情都无法投入全部精力，总是蜻蜓点水一般。在你的内心，还是有较强的防御心理的，害怕暴露自己的内心而使自己受伤。

21~25 分 共情力指数：★★★★

通过得分来看，你性格里有较强的共情力，但是没有到过剩的地步，所以你可以很好地理解你周围的朋友，但你也会把握好尺度，不会让他人的情绪影响到自己，不会一味地迎合他人而牺牲自己。所以，你的关系通常是平等的，你能够给朋友带来帮助，朋友们也同样可以帮助到你。从而形成一种良性的互动，不至于显得谁过于依赖谁。只有每个人都能够保持独立的自我时，你的朋友关系才是牢固的。

26~30 分 共情力指数：★★★★★

通过得分来看，你的性格属于典型的共情力过剩，表现在你的朋友们习惯找你倾诉，而他们没有心事时却经常忽略你。你可以试着将自己内心的苦闷和不满跟他们倾诉，看看他们有什么反应。如果真的是你的朋友，他们就会以相同的方式理解你、支持你，这样你的朋友就还在你的身边；而如果他们表现出来的是冷漠甚至是嘲讽，他们就不是你真正的朋友，你就可以放弃他们了，因为他们只是为了利用你而已。

第一章
同理心：同情心的映射

第二章
被阻碍的屏障：十种阻碍同理心的枷锁

第三章

打开视野：同理心加速器

第一章

同理心:

同情心的映射

　　同理心是一个美好的词语。在我们的想象中，富有同理心的人是热心而可爱的。我们乐于"沐浴"在同理心的"汤泉"中：所有人都彼此相爱，相处融洽，再加上香熏棒、草莓茶和冥想音乐，一切都会好起来的。

　　不过我们还是无法准确地为它下定义：友好？善良？敏感？有灵性？温柔？平和？所有描述都是正确的，但同理心所包含的内容更为广泛。它复杂而烦琐，有时还会让人感到疲惫。它在情感和理智上向我们发起挑战，甚至有时比起我们所想表达的，要求得更多。大部分时候，它并不是首个浮现在我们脑海中的想法，但却会向我们寻根究底。同理心使我们变得敢于冒险，敢于敞开心扉，却也因此而变得更加脆弱。它从根本上改变了我们的生活，并让世界变得更好，它让我们更准确地看待自身感受，接受它们并和它们共处。所以，除了接受自己拥有同理心，我们别无二选。

为何我们如此追捧同理心和同情心？为什么对同理心的追问会成为大众话题？为什么我们认为它在当今社会重要？

让我们把目光转向社会关系，现在同理心似乎成为一件稀有物品。世界纷繁复杂，处处建立起内部和外部"围墙"，我们彼此分离，成为"我们"和"他人"，似乎很少有人会在意他人的感受。

感觉

感觉无处不在，不管我们在什么环境下工作、生活和相爱，都在感知、表达、体验、享受它们，同时要忍受它们。但有时它们让人有些难以忍受，且常常会决定我们的行为，对我们的情绪和与他人之间的关系产生深远影响。它们也经常会稍纵即逝。感觉就像自发到来的访客，我们可以邀请它们停留更长时间，也可以直接让其离开。

在这本书中我们不仅谈论自身感受，还会提到他人的感受。无论我们是否想要，它们都会影响我们。痛苦与快乐，悲伤与幸福，都是可见、可感知、可得到的，并且会对情绪和氛围产生影响。无论走到哪里，我们都会面对许多不同的感觉。重要的是我们如何对待它们：主动接受它们，并给它们一些空间？

还是让自己被影响、被触动，或只是索性保持一个安全距离颇感兴趣地观望？我们与他人的感受有多接近？我们究竟想离他们多近？

这些问题不可避免地将我们指引到同情心这个话题上来。同情心是一门艺术，它被用来感知他人、体谅他人，以及站在别人的角度思考。同时，察觉自身的感觉并一视同仁地接受它们也很重要。

处于顺境时，双方互相了解，我们彼此都会感觉良好，这样人们在直接交流的时候就不会再大声呼吁要更多同情了，对吗？ 因为当我们处于关系稳定、彼此团结的情况下，大多数时候我们是善解人意的，至少感觉上如此。如果不是处于这种情况下，我们不会轻易体谅对方，或者说这种体谅并非源自我们的同理心，而仅仅是我们对对方的同情。事实上，我们是彼此的镜像，彼此相似并且确认，之后我们又是什么样子呢？

如果人们离我们很远，我们就很难去理解他们。因为我们对越陌生的人关心越少。珍妮特·哈根（Jeannette Hagen）在《无生命的社会》一书中写到，战争场景、难民的照片、恶劣的条件、逃亡时挨饿的儿童，这些对我们的影响越来越小。我们过着平淡寻常的生活，关掉电视，舒服地上床睡觉，好像这些曾经几乎就在家门口发生的事情从未存在于这个世上一般。

事实上，如果我们时刻关心世界上所有的苦难，我们的生活将不再幸福，也无法再平和地面对日常生活。

我们每天都会在媒体上看到大量负面新闻事件，久而久之，我们的头脑越来越麻木，被如此多的苦难完全淹没了。然后，我们的同理心的意愿甚至能力会下降，我们不关心这些消息，将其推到远处，从而免受打扰或伤害，因为似乎很多时候是它们为我们带来了沉重的压抑感。

即使在小事上，我们对他人的感受也越来越匮乏了。不一定是在战争或极大的困境中，两个人开车去同一个停车场就足够体现。同理心在各处都缺失了。即使在生活中看似平凡的时刻，我们也可以练习，以更加富有同理心。

练习同理心

我们如何才能在理解别人的同时仍然幸福呢？我们怎么才能避免对别人的痛苦无动于衷，同时又能感恩地生活呢？在各种不同情景下，在私人生活、职场、教育、政治中，在人与人之间的日常互动中，同理心每天都会重复出现无数次，这些无处不在的共情，没有同理心是行不通的。同理心会涉及大的公共场合和情感的重要进程，也会涉及微小、私人、看似不重要的时刻，而这些时刻有着举足轻重的意义，最终会使生活变得更艰难或更容易。

让我们把目光再次转向这些可以供我们练习的小情景。每一个看似微不足道的同理心行为都是有价值的，这很重要。我们可以从微同理心开始。你会看到，每次我们在不经意的时刻充满同理心时，就会对自己和他人微笑。我坚信我们可以通过这种方式改变世界。

案例 1：培训中的同理心

21 岁的时候我去汉堡学习音乐剧，那里的戏剧表演我至今无法忘却，可以说它对我影响至今。那只是很简单的练习。"描述一下你们的早晨，从起床到现在。"表演老师指示道。

一个音乐剧学生跟在别人后面登上舞台，开始描述。不知什么时候就轮到我了，我紧张地描述我的早餐，坐车到市内，走路去学校然后最终到达的过程。当我说完的时候，老师向同学们说："你们看，我们会对有一定魅力的人所讲的话感到兴致勃勃，但你一上台，一切就都变得索然无味了。"

此时此刻，一个小小的世界正在崩塌。后来只要踏上舞台，我的魅力就消失了，那成了我的执念。直到我开始演讲职业生涯，都还为此执念而耿耿于怀。如今我意识到当时老师所说的话是不正确的，那句话追根究底必然是不正确的，因为这名老师没有考虑到一个年轻女孩听到这样一句对于自己的评价会做何感想，就做了评价和判断。他不知道被当众贬低是什么感觉吗？

当一个年轻人被贬低后，她又该如何成长呢？当人们不断被缺点掩盖时，又该怎么打开自己呢？这对我来说至今是个大谜团。受这个谜团影响，我成了讲师。就这点而言我还要感谢当年那个老师，因为他无意间向我传达了一种观念，而这个观念充实了我的教学内容，我从中学到同理心也和权力和地位相关。人们拥有的权力越多，他们对弱势群体的同情就越少。现在的舞台尤其要求人们开放、表达信任、展现自我，但破坏性的评论会让人们立刻关闭心门。

回顾过去我可以说，那时，该培训中心的许多老师都完全按照这种教学风格进行教学：首先贬低他人，然后按照自己的形象进行重建。当然，对于某些人是可以奏效的，这些人具有强烈的自尊心，有雄心壮志和坚强意志，立志要与这些攻击做斗争并越挫越勇。他们在被打击时可能仍会感到鼓舞，但对于对自己心存怀疑的人，这种对待方式就是心灵毒药。

同理心的修正方案：

这名老师知道站在舞台上是什么感受，也知道在上面是多么脆弱。在我登场之后，他首先对我表示欣赏，他赞扬了我在舞台上自由发言的勇气，消除了我的紧张；接着他轻松地跟我谈论早晨发生的事情。我站在舞台上就像两人在对话一样，只是告诉他我做了什么，我感到越来越舒服。接着他给出了反馈，他问我将第一个情景与对话相比，哪个对我来说感觉更好。通过这样做，他很好地解释了在舞台上进行生动个人演讲和私人谈话的基本原则。最终我离开了舞台，并有所收获。

案例 2：慢跑和狗

一名女士沿着阿尔斯特湖①慢跑。一个遛狗的人朝她走来，狗快乐地小跑着向前，女士和狗在同一条直线上向彼此跑来。那位女士被狗绊倒了，并大声咒骂，抱怨后面的狗主人是一个多么愚蠢的人，都管不好自己的狗，等等。

那些经常慢跑的人知道怎么处理遇到狗的情况。当然，主人可以及时把狗叫回来或把它拴在狗皮带上，但是这位慢跑的女士也可以很容易地避开它，因为路对所有人来说都足够宽。那条狗什么都不懂，所以在这里我们不能指望它有任何特别的行为。女士认为："我在这里跑步。"狗的主人认为："这个空间对所有人都足够了。"

----

① 阿尔斯特湖（Alster）：德国汉堡市内的一个湖，位于市政厅广场以东。

我自己也有一条狗，当它跑到骑自行车人或慢跑者的前面的时候我就会叫住它；当我看到前路广阔时，经常不做任何事情，因为通常那样更方便。

谁没有同理心？狗的主人还是慢跑者，抑或是两者都没有？事实是，事后双方都很生气。那有什么好处？最后，两个人都想一争高下，并且心情比之前更差了。如果同理心存在对立面，那就是争执对错。

同理心修正方案：

慢跑者知道狗的主人不想伤害她，也理解有时狗会有自己的思想。她优雅地绕过狗，向狗的主人微笑，主人为之道歉。或者：狗的主人向狗吹口哨，因为他知道被打断运动节奏的感觉并不舒服，并祝慢跑者有美好的一天——她继续愉快地跑步。他们俩都不必生气。

案例 3：暴走经理和女助理

经理要给同事打一个很难以启齿的电话，告知他们项目的流程无法按计划进行，而内部人员仍然完全执着于按流程走。他挂断了电话。女助理站在他面前，想报告一些别的事情。他仍然处在坏情绪当中，对她发牢骚，然后粗暴地让她之后再来，她感到受伤并且跑开了。经理认为"她本应该看到现在时机不佳"。女助理认为"他是我的老板，我想要为他好，但现在我为一些自己无法改变的事受他责骂"。双方都凭着自身感觉认为自己是对的。到底谁是对的？经理是否应该为助理可能不够机敏而责骂她？助理是否应该因为一片好心却受到不公平对待而生闷气？归根结底，他们俩的感受都是正确的，但问题始终是：我该如何处理这种情况？要向对方的观点靠拢多近才能达成共识？

同理心修正方案：

助理知道经理有很多工作并且有点忙。他对助理说（尽可能语气柔和），他现在还无法专注处理这项新工作，他需要休息十分钟。助手稍后回来，双方再讨论工作。或者，助理从老板的脸色中得知他目前情绪不佳。她看到他的目光朝下，皱着眉头，表情忧郁。她了解他，知道他在这种情况下无法处理任何事情，因此决定在十分钟后再回来，先用这十分钟完成另一项任务。最重要的是，她决定不生气。

乍一看，同理心修正方案根本没这么困难，对吧？也可以称其为友好而周到的方案。然而，同理心行为要求人们有这样一种内在意愿，在这种意愿下，人们偏离自己的计划，考虑他人的需求，把自己的需求推迟片刻，最终关系将变得柔和而亲密。

这需要对可能发生在别人身上的事情有一定的研究欲和好奇心，通常只需要一个微笑就能挽救局势。那些采用同理心修正方案的人会感到温暖而友善，而那些被"理解"的人会感到信任和安全。

如今，很多人都难以做到改变思维方向并将思想和情绪重新组合，我们常常希望一切像我们想象的那样运转。

2006 年贝拉克·奥巴马（Barack Obama）在伊利诺伊州西北大学的著名演讲中说：

我认为我们应该更加意识到我们缺乏同理心——让自己站在他人角度看问题，通过他人的眼光看世界的能力。饥饿的儿童，失业的钢铁工人，为我们打扫卧室的服务员……随着生活的继续，培养高质量同理心变得更加困难，而非更容易。人们没有义务为社区服务，也没有人强迫你关心别人。你在和你性格相似的邻居共处，你们可能把孩子送到同一个学校上学，你的担忧只限于你的小圈子里发生的事情。更糟糕的是，我们生活在一个不太鼓励同理心的环境中。外界经常告诉我们，生活的主要目标是富有、苗条、年轻、出名、安全和娱乐，所处的是一种经常强调以自我为中心的氛围。

　　以自我为中心在今天依然如此常见，甚至越来越多，越来越频繁。我希望在我们的世界中多一些善解人意，少一些自私自利。每天我们都在经历自我的碰撞，如果只看到社会缺乏同理心的一面，我们可能很快就会失去信心。那么，让我们来看看隐藏在这小魔咒背后意料之外的机会吧！

> 　　同理心是一种稀有商品，很明显它是缺乏的。我们就像沙漠中口渴的人，大多数人都迫切需要同理心，然而实际上大多数人一点也不了解它。他们只知道这个词，并认为它很棒。但是，你必须有产生同理心的经历！它的作用就像是一个启示，一个发现。
>
> 　　　　　　　　　　　尤根·恩格尔（Jürgen Engel）

·同理心可以习得吗?

　　又出现一个问题：同理心真的可以习得吗？我从初恋男友的亲身经历中知道：是的，可以。而人们能为此做到的程度，让我很感动。

　　尤根·恩格尔是我的初恋，我当时 16 岁，他比我大一岁，我们坠入爱河，走到了一起。后来，我们吵架变得很频繁，大约两个月后，我和他分手了，因为我们之间的交流让彼此都有些疲惫：尤根从不错过嘲讽我、惹恼我，对我所做或说的事情发火的机会，我不喜欢那样。分开之后，他在我们共同的圈子里诋毁我，那一刻我对他的欣赏就荡然无存了。

多年后，我在专业的在线平台上看到尤根也在这个网站加入了他的个人资料。他邀请我参加"女性交流研讨会"，之后我看到另一个邀请："非暴力沟通"（GFK）课程。我惊呆了：当时那个有点不友好、爱发牢骚的前男友现在居然开设了重要的沟通课程？除了"非暴力沟通"课程外，他还为个人和团体提供培训指导。这些信息困扰了我好几天，当我无法停止思考这些时，我决定写信给他，问他在此期间发生了什么事。然后他给我发了一封非常诚挚的电子邮件，说他很想向我道歉，他很后悔当时以这种方式对待我。我很惊讶，这样一个古老的话题竟然可以平和地讨论和解决？尽管我们之前曾有过争吵，但我立即感到我们之间有了全新且热烈的情感。

我们保持着联系，2017 年 4 月，我第一次参加了他的研讨会，这是一个 GFK 入门研讨会。我们度过了愉快的一天，并稍稍回顾了一下当时发生过的事。我看到多年的经历给他带来的深刻变化，我站在了一个诚实、真诚和值得赞赏的人面前。他以非常自然和自信的方式传达 GFK 原则，内在的、充满同情心的气质已经融入他的身体和灵魂中。我们谈到了这种转变，我问他：

"人们可以学习同理心吗？"

"可以这么说：我还没有遇到一个没有希望的案例。我之前与现在不同——你知道的，我很少有同理心。更准确地说：直到十二年前遇到马歇尔·卢森堡（Marshall B. Rosenberg）①，我都很少有同理心。"尤根说，"人们当然可以学习同理心，它存在于每个人身上。年幼的孩子善解人意，他们拥有充沛的同理心，同理心对他们来说就像自然反射一样平常，因此不必重新学习同理心。但是随着我们的成长，它会渐渐被教育所掩盖。我们纯洁的自我会有很多层保护罩、硬壳和防护装甲覆盖其上。现在我越来越难富有同理心，因为我有过痛苦的经历。我向人展示自己的脆弱，却受到伤害，自然而然我就开始保护自己。当我因敞开心扉而被伤害就足够说明伤害之大了，也足够让我记住：'那是很危险的，我再也不会那样做。'之后我的内心就变得冷漠了。"

"我们怎样才能取下这些保护罩？"

"治愈过往的伤害需要很多同情心，也需要很长时间。它

———————————

① 马歇尔·卢森堡：由于在促进人类和谐共处方面的突出成就，2006 年获得了地球村基金会颁发的和平之桥奖。同时也是《非暴力沟通》一书的作者。

需要一种新的体验，可以这么说，我必须重新开始。我独自走
了一段时常感到痛苦的漫漫长路。为此，我需要有很强的对自
己的同理心，但也需要外界的同理心。我需要来自他人的同理
心，这是我无法独立完成的，我也不想要独立完成。我们彼此
需要，彼此信任，扮演着极其重要的角色。这是一种持续不断
的'开放'状态，在这种状态中我倾诉自己的恐惧和痛苦，重
新使自己感觉良好，即使脆弱可能依旧存在。"尤根说。

人们能学习同理心吗？可以，我前男友的例子足以说明，
同理心是可以习得的。大脑科学研究学者塔尼亚·辛格（Tania
Singer）和她的团队已经开展了一项长期研究，用来研究同理
心和同情心训练的效果。显然，我们可以积极地训练这些能力，
同时对同理心和同情心之间的差异进行研究。你可以在本章"有
关同理心的研究"这部分阅读更多有关内容。

我写这本书的目的是让人激发和切实地练习同理心，慢慢
卸下防护壳。带着这种观念继续生活，敞开心扉，去关心他人
现在过得如何，发现自己在很多情况下毫不自知地被唤起了哪
些感受。我建议我们再努力一点，并且问自己：另一个人在哪
里？他最近好吗？我们最终会认识到，他人的感受和生活可能
与我们的截然不同，有时候这根本并不容易。

让我们一起发起一场同理心革命吧！

- 很显然目前缺乏同理心。
- 同理心是我们可以积极培养的能力。
- "同理心修正方案"永远存在。
- 我们在孩提时代都富有同理心。
- 同理心隐藏在习得的保护层之下。
- 同理心要求人们做好变得柔软和延缓考虑自己感受的心理准备。
- 同理心是可以习得的。

· 人们的内心世界

人人都是不同的，理论上我们都很清楚。可尽管如此，在日常生活中我们还是经常忘记大家来自截然不同的生活环境，有不同的处境、信仰和行为方式。在私人生活和日常工作中，我们会遇到微小的冲突，这些冲突最终总是与人们根据自己的"内心世界"，从个人的经验和信念出发来行事有关。内心世界的模型来自建构主义，我们所追求的一切正确的事物，对"正确的"世界所持有的观点都会呈现在上面，包括我们自己的感知。

内心世界的画面是由我们用所有感官在生命长河中积攒的经验所组成的，于是就诞生了由山川、湖泊、岛屿和森林组成的自然风光。需要注意的是，这个内心世界代表的只是一个专属于"我"的独一无二的世界。这上面不含其他经验，没有人能像我一样了解这个世界，尽管也有对我来说被隐藏的山谷和丘陵。

我的一个客户曾经将内心世界比作宜家 PAX 柜子，很多人都有一个，但几乎没有一个与另一个完全相同，因为人们选用的功能和零件不同。因此，它仍然是每个持有者都可以使用的 PAX 柜子，但是其内部本质上与其他柜子是不同的。

内心世界可以根据情况而变化，部分可以自行强化，其他的可以自行重建。它就是这样不断强化或重建，并形成我们的经历：当女人想生一个孩子时，她所见之处都有孕妇；想买一辆新车时，最喜欢的车型在路上随处可见。因此，内心世界会在生活的不同阶段发生变化，但是长期保留下来的东西就是基本信念，也就是我们对世界和人的看法，我们的价值体系就建立在内心世界之上。如同自然景观的变化一样，这些系统也会在多年后发生变化，因为人在生命的长河中一直不断地发展着自己的个性，正如随着时间的流逝，山川和湖泊发生变化，新的岛屿形成，一些岛屿下沉，消失在黑暗中。

这些岛屿或山脉中就有我们的同理心能力，在所有人的内心世界中都可以找到它们，而且大小不一，某些只是被掩埋或遮盖了。

当我们彼此交谈时，经常会发现具有差异性的事物会让人感觉糟糕或让人压力增大，但也可能是有趣或轻松的。我们发现大家的内心世界存在很多差异。正所谓众口难调，而这正是一种丰富的方式：如果我的朋友、伴侣和家人总是不表达不同意见，我将会完全沉浸在自己的内心世界中并把它当作所有事物的标准。这正是我们所有人或多或少要做的事——这取决于我们准备质疑自己和接受新想法的意愿程度。

我发现内心世界的概念非常丰富，因为在接受商务培训过程中，我学会了一种方法，这种方法就是将自己的内心世界尽可能远地移到别处（就目前而言），然后去探索他人的内心世界，而不是从自己的角度出发去发表评论、提出建议或做出判断。这种内心的"放空"几乎跟我目前为止做过的事情是相反的：作为语言培训师，我丰富了其他人的内心世界，因此可以从专家的角度说应该做什么。

在这方面，教练的工作跟培训师有本质上的不同。教练询问受训者内心世界里的情况，而培训师会留下新的内容，并且如果需要的话，可以适时改变受训者的行为。

我们可以认为，人们对未在自己内心世界里出现过的事物，一开始会觉得很奇怪。我们的生活是按照一定标准来的，于是朋友圈就形成了。圈内这些人内心世界应该是可以相互协调的，而且在一段友谊中价值观和信仰会有重叠。然而，他人身上总有一些我们尚未认识到的小岛、森林和湖泊——或是我们自己身上的。只有遇到未知的人，我们才能真正成长并变得更善解人意。我们经常很难融入不同的事物中，差异越大，融入其中就越困难。这就是为什么人与人之间的相似性是理解的基本要求之一，但这是对初学同理心的人而言的。理解与自己相似的人相对容易些。

问题就在于它是否完全是同理心，还是毫无疑问地只是同情。

> 同理心：来自希腊语，过去是同情的意思。"pathos"一词，意思是"伤痛"和"痛苦"。随着时间的流逝，这个词已发展为"愉悦"和"喜爱"。我们在他人身上认识到与我们相似的痛苦或喜乐，并将自己映射在他身上。之所以能达成一致，是因为人们有相同的感受。

社交媒体强调相似性。脸书算法的工作就是给人们推送他们感兴趣的东西。所以我的虚拟内心世界由"自我扩展"组成，而不是由不同的、令人不舒服的事物组成。这是多种不同群体正在体验的生活，每个人都在各自的世界发帖和评论，因此人们坚定了方向并找到属于自己的生活。人们以这种方式证明自己，并最终接受自己对世界的看法就是普遍的看法。

我曾经不慎进入一个网站，发现这里赞颂的思想让人感到害怕。这些人的内心世界跟大多数人完全不同，那我现在怎么办？人们是如何进行必要的对话，以增进理解、消除偏见的？线上通常是无法起效的，我们可以从许多尖锐的评论中看到，彼此间大动肝火和人们间的互动没有太大关系。

另一个问题是，在许多情况下人们展现并优化自我，以至于他们的自我完全消失了。要知道自我意识、自我实现、自我感知和自我发现，所有这些对于同理心都是非常宝贵和必不可少的。但是，过度考虑自我也不可取，我认为这很危险。

如果我们只考虑和照顾自己，在某种时候会减少留给他人的空间。

这就像走钢丝，等到达哪一点才能成功离开自己的内心世界而去感知他人呢？

走出自我固然非常重要。但是，自我与他人之间的临界点在哪里？我们如何理解自己的内心世界很重要，但又不是最关键的？他人的内心世界又如何能让我们产生兴趣，受影响和感动？他们对我们很重要吗？我们如何才能变得更加柔和并停止继续顽强地捍卫"自己"的权利，就像孩子捍卫自己的沙堡一样？从长远来看，我们如何实现和平共处？每个人的内心世界何时能够共存？所有人的内心世界何时会有自己的光彩？

·内心世界由各自的经历组成。

·它是非常个人的，并且在他人身上可以通过探讨来发现。

·"自我"覆盖了其他人的内心世界。

·同情心意味着要了解他人的内心世界，要拿出比发现自己的内心世界更大的激情去探寻它。

· 斯里兰卡的故事

谈到内心世界，讲一个在斯里兰卡发生的故事吧！马渡河①流经该国西南部。在一个阳光明媚的下午，一群年轻人来这里游泳。他们嬉戏、玩乐，享受阳光和生活；他们交谈、戏水玩耍，享受这美好时光的轻松惬意。一位非常擅长游泳的人突然想要用脚触碰河底，他是这么想的也是这么做的，他潜入水中并用脚趾触地。但是当他想露出水面时，他的衣服被水中植物绊住了。衣服掉落，年轻人有一个糟糕的想法：可能有动物已经夺走他的衣服了。他游到水面，但他不想赤身裸体地在其他人面前游泳，所以他再次潜入水中，在浑浊、搅动的水中

---

① 马渡河（Madu Ganga River）：在斯里兰卡首都科伦坡以南80千米左右，河水宽阔。

寻找长袍。当找不到衣服时他开始恐慌，慌乱间不小心呛到了水，最后他再次挣扎着浮出水面求助。其他大多数年轻人都认为他只是在开玩笑。但是库萨拉·特罗（Kusala Thero）是他的好朋友，发觉朋友陷入困境，便毫不犹豫地游过去帮助他。

但是，库萨拉·特罗不擅长游泳。尽管如此，他还是试图帮助他的朋友，后者在恐慌中紧紧抓住他，并把他往下拉。拯救他的特罗保持着成年人该有的沉着和镇定，尽管他知道此时的情况发展并不好，但他仍然保持着冷静。他知道如果他现在恐慌，他们俩都会淹死。最后，岸上的另一位年轻人察觉到后，便立刻游过去从特罗这里救走了呛水的那个人，他们最终都重新回到水面。

当特罗告诉我这个故事时，他微笑着说："我当时很有同理心，但那是错误的！我不擅长游泳，我忘记了对自己也要有同理心。如果人们不理智地使用同理心，它将毫无益处。我可能会和我的朋友一起淹死，那对任何人都没好处！"

为了探寻同理心的本质，最终我在 2017 年 1 月到达斯里兰卡。前一年我参加了一位学者的冥想课程，这位学者正是特罗。我开始和他谈论同理心，他邀请我到他家乡和他见面详谈——因为在他的研究中同理心起着重要作用。我刚到，特罗就告诉我不会合理地使用同理心将会变得如何危险。他说："同理心总是这样，我们必须就如何使用它做出明智的决定，否则它绝对是毫无意义，甚至是危险的。"同理心是毫无意义，甚至是危险的？

"有人在我的眼前落水了，我察觉到了，每个人都能察觉到，但是我没有选择合适的方式。我本可以带我的朋友来帮忙，但所有人都认为他在开玩笑。我想帮助他，但他把我往下拉，我们都在往下沉。他不停地大喊着：'救救我！' 我根本动弹不得，我们又下沉了两次。我调整了呼吸，不得不采取自救措施。我控制了自己的情绪，没有惊慌。那一刻，我终于对自己产生了同理心，因为恐慌可能会杀死我。最终我的一个朋友把他救走，我们都安全了。结果还好，我只呛了两三次水，但是一点都不愉快。"当他说起这些时，禁不住笑了起来。

同理心也有阴暗面

同理心似乎也有其阴暗面。弗里茨·布雷索波特（Fritz Breithaupt）在他 2017 年出版的著作《同理心的阴暗面》中向人们发出警示。他认为我们应当辩证地看待同理心，他认为同理心会损害我们的自身利益——正如特罗所描述的，我们将自己置于危险之中。弗里茨·布雷索波特还认为同理心甚至会激化矛盾，因为人往往倾向于支持同情弱势的一方。因此，同理心可以使我们扮演救世主的角色，而不是表达出真正的同情心。通过扮演救世主的角色可以让助人者感觉很好，但对受助者的伤害却很大，这种同理心是自私的。

他认为，施虐性地享受同理心的这种现象，不但精神病患者有，正常人在日常生活中也会有，尤其是当人们被轻视、在公开场合丢脸或被羞辱的时候。不幸的是，这种情况经常发生。让我们想象一下网暴、青少年中的欺凌、职场上妇女被压迫的情况，以及不合理的劳动条款等。每个人都可以想象一下如果自己被这样对待会做何感想。尽管如此，显然有些人喜欢看到其他人遭受痛苦，虽然这听起来可能有点荒谬。

同理心的基本能力中也蕴藏着风险甚至有可能被滥用，或表现为有意识地伤害他人，或表现为无意识地更加维护自己的利益。

特罗还看到了一些同理心带来的类似的危险。在我们的谈话中他提到：

"西方世界对同理心的兴趣在于，这种感觉常常与惩罚的欲望有关。当你看到一只鹿被老虎抓住时会为这只鹿感到同情，这没问题。但与此同时，你也会对老虎产生愤怒，这两种感觉是相关的。例如，素食主义者们讨厌人们宰杀动物，他们不仅会为动物着想，同时也会谴责他人。针对这种情况我们又该如何处理？这里涉及中立。注意保持中立，不要走极端，老虎也是一种动物。老虎和鹿有什么区别？鹿只是处于弱势的一方，但我们没有考虑到老虎也必须吃东西，它也必须生存。想要伤害某人的想法是错误的，那不是同理心。"

在这种情况下，同理心意味着，当我们谴责某个要对伤害"负责"的人时，我们也要对此人抱有同情心。因此它不该是这样，同理心不会对人和动物产生负面感受。

我问特罗，如果人们做了一些与我们自己的价值观完全背离的事，我们应该怎样保持同理心？他的观点是："我们无法拒绝这些人。我们不应该想着远离他们，而是应该把错误的信念从他身上引开。我们要记得有一个替代性的方案，同理心并不意味着你必须同意。保持中立，不要讨厌任何人。人无完人，我们可以讨论事物，提出解决方案并和平相处。"

强烈的情感会控制同理心

我们兴奋地谈论了很久的同理心，那么它到底是什么，需要什么，又不是什么？最重要的是，同理心似乎可以触发强烈的感受，准确来说正是这样才会经常引发问题。特罗说："有时人们只是感觉到某种东西，又不知道该怎么处理它。他们如何对待同理心，同理心也会做出相应反应，甚至他们会被同理

　　心完全压倒，超越了自己的底线。紧接着，同理心在他们的生活中会造成许多问题。如果你想帮助某人，首先需要了解帮助的方式。我们在任何时候都会感知到一些情绪——这就是同理心。有人落水了，我们察觉到这对他来说是致命的威胁，那是人性的一部分。"

　　我们有能力感知某人是不是处在困境中，过得好还是不好。我们正在与他人的感受产生共鸣，到目前为止情况都很好。

　　特罗说："另一方面，如果你想帮助他，你必须首先确保自身安全，那不代表你自私。你是自己的保护者，没有人会来保护你，这意味着当你想帮助某人时你必须足够强大。如果你感觉到了同理心，就要尝试将你所学到的知识应用起来。这就是为什么我们需要全力以赴，我们不应该惊慌，也不要太情绪化。

　　"你应该习惯根据你的知识，而不仅仅是基于情感来做决定。情绪行踪不定，是不稳定的。如果你是情绪化的，这跟你是否受过教育都没关系，只是因为你还不会运用自己的知识。感觉只是一些飘忽不定的事物。

　　"因此，如果你非常敏感且不会控制同理心的话，那么麻烦就大了。如果有人陷入泥潭，你就不能陪他一起，因为你会死！如果你不使用有效方法，所有努力都将是徒劳的。例如，如果你哭泣，我不应该陪你一起哭，而是应该帮助你克服困难，远离悲伤。如果我只是抱着你哭，没有任何意义，最终只会使得我们俩都倒下。"

理性的同理心意味着：我知道你的感受，我也足够了解当我想要帮助他人的时候，应该如何理智地做出反应。

· 同理心也有其阴暗面。

· 强烈的感觉可能会在困境中产生阻碍作用。

· 同理心要求我们运用自己的知识和经验。

· 同理心并不意味着一定要支持一方，反对另一方。

· 真正的同理心是想要提供帮助，而非操纵或享受别人的不幸。

· 同理心要求人们有清醒的头脑。

· 什么是同理心?

那么，我们该怎么定义同理心？对其定义的争议由来已久。"同理心"一词源自希腊语的"Empatheia"一词，指对审美艺术、音乐和自然的解释。

精神分析学的创始人西格蒙德·弗洛伊德（Sigmund Freud）将同理心定义为对自我陌生事物的探索。近几十年来，心理治疗、社会心理学、心灵沟通法的各个方向都与同理心有关。这里就不再对它的历史和不同的定义多加赘述。让我们看看应该如何理解它。

维基百科给出了如下解释：

"同理心的定义是：认识和理解他人感受、思想、情感、动机和人格特质的能力和意愿。同理心通常还包括对他人的感受做出适当反应的能力，例如怜悯、悲伤、痛苦和出于同情心的乐于助人。然而，最新大脑科学研究将同理心能力与同情心进行比较，并将同理心能力的独特性清楚地呈现出来。同理心基于自我感知—— 一个人对自己的情感越开放，就越能很好地理解他人的感受。"

同理心的三个阶段

同理心包括三个紧密联系的阶段：首先，认识他人的思想和感受；然后，理解它们，这是前两个步骤。我们观察、倾听、注意到他人的一种状态、特性以及感受，然后对它进行理解并尝试分类。到达这一步通常并非易事——为了对有时非常微妙的迹象进行感知和理解，我们必须足够警惕。一旦我们已经成功地认识或理解了一些事物，下一步就要处理我们通过同理心得到的他人信息。

——为了帮助他人，我们需要有所作为。我们的行为是以自我为中心，想通过帮助别人而使自己感觉良好，还是只为他人而采取无私的行为？人们之间始终是互相联系的，难道我们帮助别人时，通常不会感觉更好些吗？

——为了帮助他人我们什么也不做？什么也不做也是同理心的一种形式？除了陪在他人身边其他什么都不做？

——我们搜集这些知识来操纵和伤害他人？

我们得到这三种可能性。在采取了前两个步骤之后（我们已经认识到他人身上发生的事情，可以理解他人的遭遇），我们应该理智地决定我们将做什么。为此，我们需要投入全部精力、经验和意识。此外在这种情况下，亲社会行为与反社会行为之间是不同的：要么为社会和他人谋取利益而采取行动（亲社会行为），要么罔顾他人利益仅为自身利益而采取行动（反社会行为）。

维基百科对同理心定义的有趣之处在于，通常对他人感受的适当回应才是同理心的表现。什么是适当的，谁定义适当性？如何衡量我们的反应？从特罗的故事中我们可以肯定，可以根据下列各种参数调整自己的反应行为。

·根据自己的能力。如果我们不会游泳，那就没有必要去拯救一个溺水的人。在我们"无脑"地冲出去救人之前，我们必须做到自己心中有数。

·根据环境。我们可以使用哪些资源？如果我们自己的助人能力有限，那么谁或什么东西可以提供帮助？我们有什么可用的方法？

·根据我们的价值体系。如果这些内容与我们的价值体系不符，我们可能满怀同情，但不会在不相信的事情上帮助他人。

·根据其他选项。同理心总是意味着我们需要以求助者希望的方式提供帮助吗？我们是否可以想象，同理心也可以表现为通过对话找到新的想法来帮助人们，而我们只需在一边观察；也可能怀揣着同理心但根本不采取行动，因为我们得出的结论是最好不要干预。

同理心包含什么？

关于同理心我还有另外一个问题——它真的总是关乎他人的痛苦吗？同理心是否只是关系到那些比我过得差一些的人？我是否可以为他们生活中的成功和闪光时刻而欢呼，以这种方式参与其中，在喜悦和成功中表现出同理心？

如果我们仔细观察，就必须承认我们常常缺乏真正为他人

感到喜悦的能力。产生真诚的喜悦的前提是认知、理解和采取
行动，同理心关系到所有欢乐和痛苦的感觉。

　　思考同理心的时候会出现另一个问题：时间轴问题。当我
们看到、听到或感觉到别人的痛苦或快乐时，同理心几乎是同
时产生的。但如果我们提前用同理心进行思考，情况又如何呢？
例如，如果我们考虑是否让同事参与决策，首先要知道他现在
有没有其他任务，而且我们本可以为他避免这些额外的任务。
如果我们事后才思考，给别人造成了麻烦，我们再去解释或试
图弥补，结果就不一样了。

　　根据我的理解，同理心与时间轴并不相关，它可以同时、
之后或提前出现，也可以随时主动地出现在我们的意识中。

　　第三个问题：同理心面向的是个人、群体，还是整个社会？
我认为，同理心行为始于与他人的接触：与邻居、家人、工作
中的同事以及在超市的销售员，等等。然后它被内化为人们对
他人的态度，并且伴随着经历的不断增加，渐渐扩展到对整个
群体。它塑造了我们与世界打交道的方式，毫无疑问同理心始
于人与人之间。

　　接下来在尝试下定义之前，让我们再思考一下，同理心到
底不是什么。

· 同理心不是一种永久的状态，而是一种对别人的基本态度。

· 同理心并不意味着不重视自己。

· 同理心并不意味着不能做自己的决定。

· 同理心并不意味着让一切保持原样。

· 同理心并不意味着永不争论。

· 同理心并不意味着一直同情他人。

· 同理心并不意味着能看透别人的想法和感受。

· 同理心并不意味着总是幸福地微笑。

· 同理心不是我们情况良好时才能负担的奢侈品。

· 同理心永远不是有条件的。

· 同理心与期望没有关系。

· 同理心的各种形式

同理心缺失

我的一个好朋友（45岁）想在店里买毯子。卖家提示："请留意，处在更年期的人应该用一条薄毛毯。"

一位朋友的摩托车皮革坐垫上刻有他的出生年份——1972年。一位自行车骑手路过，问道："这是你的出生年份？""是的！""你看起来和你的年龄真是相符，是吧？"

这些是同理心缺失的小例子，对不对？这种情况人们每天都随处可见。实际上我们可以想象这样的评论很烦人甚至伤人，对不对？特别是在销售方面，我们应该避免这样的错误。当然我的朋友没有在这家床上用品店买毯子，那个自行车骑手也失去了聊天的机会。也许这与卖东西或开始愉快的谈话并没有关系，而是关系到惹恼别人或让人心情低落。

将心比心地说，与某人进行交谈可能会非常恼人，因为这个人显然完全不在乎其他人对他和他的行为会做何反应。可能是父母看起来对孩子的感受漠不关心，且忽视他们的情感表达；可能是处于分居阶段的伴侣对另一方努力寻找解决方案的情况不感兴趣，直接用沉默面对另一方做出的努力；或者是一位经理，非常执着于实现特定目标，以至于忽略了员工们的感受。我将诸如此类的情况称为同理心缺失。

我意识到人们可能会对同理心缺失者产生误解。有时候我们无法看到那些看似毫无同情心者的动机，也无法理解这个人的行为。例如，人们可能不习惯同情他人。有些人觉得同情他人很困难，他们对自己的内心世界也不太熟悉；有些人对他人或自己的感受感到害怕。但也许是因为缺乏对他人内心世界的了解，我们才容易做出错误的决定和不公正的判断，完全沉浸在他人的经历中本来就是不可能的！

也可能是，这位看似冷酷的父亲完全能够了解，新婚的女儿或儿子会有摩擦——但他根本无法解决或理性地谈论它，所以他表现得很快乐，希望这些问题能自己过去。或可能是由于无能为力，或是对失去所爱之人的恐惧，沉默的一方可能只是被离婚的冲击力所击败，当前任在研究《婚姻法》时他惊讶得目瞪口呆。经理可能承受着来自上级的巨大压力，以至于他无法去关注所有人。

我们思考一下，如果这些案例中的相关人员在一个情景里表现得毫无同理心可能会引发什么后果？"也许会那样……"当我们遇到这些人时，这种说法是合适的。通过这种好奇的态度和想象力我们为这些人找到了理由，这些理由阻止我们傻乎乎地要求别人和我们一样要有同理心。

在将人们与同理心缺失对号入座之前，我们首先就同理心先问问自己，是什么导致他们按照自己的行为方式处事。可能我们会顿时豁然开朗，也可能眼前依然一片昏暗，因为我们根本不了解发生了何事。智者总是对一切了如指掌并且认为不必介怀别人的观点和感受，这里详见本书的第二章，因为有些感受完全窃取了我们的同理心能力。

无意识的同理心

对于许多人来说，同理心是非常有价值的，尽管起初他们对此一无所知。很长一段时间内我都没发现自己表现出了同理心，也没有意识到同理心的重要性。曾几何时有人对我说："你很有同理心。"真的吗？我是不是也这样说过自己？同理心不是别人授予我们的东西吗？如果是这样，为什么我们说自己有同理心会看起来很奇怪？听起来像是自吹自擂，而自吹自擂常常会惹人厌恶。

我们的自我意识不知有多少盲点，有时突然有人说我们有同理心，我们认为："太好了！听起来不错，我很有同理心！"但是其他人到底是什么想法呢？这个词通常等同于同情、热情、友好及其他许多含义，当然这是正确的，其中很多也和同理心相关。

曾经有一位研讨会参与者对我在脸书上为女性提供的公开培训写邮件进行反馈，她赞扬我对参与者很有同理心。我读了邮件内容，这一刻我才知道：外部形象与自我形象并不完全匹配。实际上，我自己对当天的研讨会并不满意，而她却说我富有同理心。

无意识的同理心的特点是，我们做自己认为理所当然的事情。

　　我认为很多人是顺其自然地表现出了同理心，他们做好事是出于同理心，而且没有明确意识到这一点。

　　例如，一个人让身后的人先到收银台付款，因为这个人手里只有一件商品，但他自己有 27 件。这是一个明显的微同理心案例：人们知道等待的那种不耐烦的感觉，所以避免让他人再次体验。又或是帮助老太太过马路或下公共汽车，在公共汽车上，人们将自己的位置让给比自己更需要它的人……这些都是微小而美好的同理心时刻。因为人们知道他人感受如何，所以尽量为他人减轻这种感受。

　　我们应该为这些时刻感到高兴，并为之庆祝，因为它们是我们快节奏生活中的小宝藏。但现实是：我们更喜欢低头玩手机而错过每一个观察微同理心的机会。

　　我经常经历两种情况：一种是日常生活，特别是来自年轻人的极大的同理心和热情，它给我带来鼓舞和欢乐；另一种是人们会有很严重的精神麻木，以及理智和情感上的缺失，包括我在内——这说明表达同理心和在情景中感同身受变得越来越困难，这让人感到怅然若失。在我们的社会中这两者都很引人注目，是两种极端，并且常常使我们的情绪起伏不定，我们将会朝哪个方向发展呢？

获得的同理心

有时候随着时间的流逝我们已经获得了同理心，但却没有真正想到它。如果我们逐步了解彼此，理解他人内心是如何想的，并相应地给予理解和同情时，同理心就应运而生了，然后获得的同理心会影响彼此的交往。

当我们与人交往时，可能刚开始他人的某些行为模式会显得奇怪、难以理解。在一定程度上，我们准备接受新观念并质疑自己的价值观和模式时，我们就是在准备与这些人交往。如果我们的价值观和思想，或仅仅是习惯相去甚远，则可能不会成为朋友，这也是很正常的现象。尽管当个性和生活重合足够多时，我们还是不能理解某些行为方式，但是我们学会了与它们共处。

这样，无论是友谊还是其他牢固的人际关系，在面对他人喋喋不休时，我们可以使个眼色说："啊，我已经从他那里知道了，已经过去了。" 可能我们都有过这种经验。举个例子，某个男性的言谈举止让我的好朋友抓狂，她有些愤怒，想立即离开。由于我已经对此很熟悉并且了解她，因此只需要一句话或一个眼神就足够。随后我会制止这种情况，帮她摆脱困境，或逗她开心。我们周围的其他所有人都听不懂，但我们俩能立刻领会对方想表达的意思。我了解她坚定不移的个性并可以亲切地对待她——她待我也是如此。

同样，她知道我有一个怪癖，像个书呆子似的喜欢分析所有可能使他人筋疲力尽的事物。每次开始时，她笑呵呵地瞅着我，我感觉得到她在跟我开玩笑，也用俏皮的评论缓解这种状况。而且我知道：我的怪癖是被理解的。

当我们在亲密关系中学到有关对方的东西，以一种亲切的方式共处，我们展现的就是可获得的同理心。在家庭中这需经过数年、数十年才能获得。正如我们了解姐妹、父母和叔伯的个性。

当我们遇到不能立刻理解的他人的个性时，换个角度看看，这和同情心并无太大关联，而是和评判有关。但是需要指出的是，虽个性不同，但可以融洽相处，因此我们的交往就是充满同理心的，也就是我们学会了友善地接受他人的特性。

同理心有利于彼此间共同生活和合作，工作中也可以获得同理心。当我们质疑同事为什么这么做而不是立即谴责他的行为时，就表现出了同理心，询问需求也体现出同理心。如果下次他因愤怒而面红耳赤，并大声吼叫，我们要知道他会这样只是因为一个特定的需求没有被满足，而且这种情绪很快就会过去的。紧接着我们会同情他，尽管我们自己可能也无法理解他的需求。

但是很多人没有花时间去这样做。

下意识的同理心

下意识的同理心是可贵的，意味着我们在潜意识里去倾听他人的思想和心声。这并不总会成功，但是意愿会一直存在。每天我都可以产生下意识的同理心，可以随时检查自己是否比较完整地看到全貌，或者是否只是在追求自己的感觉。倾听自己的感受并信任它们当然没错，但通常这些感受都是基于草率的判断。

特罗对我说："永远不要相信你的感觉，因为它们行踪不定。"确实如此，我自己的感觉常常与他人的境况没有关联。如果我能意识到这一点，那么可以进行下一步，主动倾听对方的心声。同理心将会内化为强烈的内在信念。

这虽然不能保证我们能永远保持同理心，但是我们可以锻炼同理心，明白我们的感受并非总是真实的。我们的感觉可以建立在过去或其他经验基础之上，这些经验甚至与现在毫无关联。如果我们将一些旧的东西投射到现在，然后测试感觉，那么我们越是专注和理解自己的感受（这是一个崇高的目标！），对自己的同情心越多，我们就越能同情他人。我们可以训练并发展内在的同理心，通过它去扩大对自己的了解范围。这样就可以在安全的基础上了解自己，也有了理解他人感受的可能。就算我们不能完全理解他们，至少也能尊重他们。

过度的同理心

一个人一旦对他人有了放弃的想法，他就不再有同理心。我们的精力有限，一旦耗尽对他人的关心，且对他人产生极大的同情而不再关注自己的生活，此时对我们的灵魂而言，承重就已经过载了。我们瓦解了自己，无法再感知自己，失去了对自己的关注，则会陷入思维旋涡中渐渐心灵扭曲，那样会伤害我们的同理心，所以我们必须要注意照顾到自己的感受。

当我们由于家人生病而担心得彻夜不眠时，我们也无法帮助他人。第二天我们只能强打起精神，准备面对一切。当我们被墙角的乞丐一直干扰思绪而无法专心工作时，我们也不会再帮助任何人。如果我们因为深受非洲饥民触动而只是坐在电视机前哭泣，这也无济于事。即使我们捐出所有积蓄，让自己一贫如洗，也没有太大作用。

过度的同理心会让人忘记甚至完全放弃自我。它控制了你的生活，让你的灵魂承受他人的痛苦，从而就看不到其他事物。

这种做法可能产生的一种结果是情绪疲惫并远离一切影响我们的事物。我们封闭情绪，不再帮助他人。外人认为处于心灰意冷状态的人看起来很冷漠，令人精疲力尽且难以接近，但实际上，正是这种强烈的精神沮丧使他封闭自己，他再也无法处理过多的情绪了，只好完全封闭自己。

　　既不与自己的也不与他人的情感密切接触，这种状态容易
使人崩溃。因而退出生活其实是一种防止受伤的保护性机制，
当交流出现困难时，人们就会恼怒，继而封闭自己。有的人可
能只会在事实层面上进行交流，因为他们在关系层面上接收了
太多信息，以至于有点不堪重负。

　　同理心过度的人可能变得沮丧悲伤，影响正常生活甚至整日
以泪洗面。这种疲惫情绪不会以苦难结束，而会以完全的无助感
告终。

　　特罗又会怎么认为？他会说自我同理心对于摆脱旋涡很重
要。他的建议肯定是聆听自己、保护自己、感知自己，知道自
己的极限。他可能会建议人们要理智运用同理心，并确保我们
自己状态良好，因为只有那样我们才能真正帮助他人。

同理心的跳动

　　当看到同理心的这些不同表现形式时，我们发现：我们都
在它们之间反复选择，试图做正确的决定，然后视情况最终达
到其中的一个点。没有人可以总是保持善解人意，只不过是我
们带着光环迷惑自己罢了。如果有人假装自己可以做到这一点，
反而会吓到我们。

让我们看看两个极端例子。我们观察两方之间的激烈讨论。一方愿意接收难民，无私奉献，不顾自己为他人冒险；而另一方痛骂这个 "好人"，将一切陌生事物拒之门外，想要尽可能全面封锁。一方不惜尽全力为之奋斗的事物却被另一方视为危险，这就造成了冲突。如果存在两个极端，那么处于中间的人就会迷失。例如，处在中间的人们会对接收难民的行为有误解，进而强化，最终向处在极端的代表们靠拢。

如果我们只是单纯地用"好"或"坏"作为评价人的标准，用"对"和"错"作为行为和思想的衡量尺度，我们就会有很大的沟通问题。

如今正是如此。与之相对，如果每天都有人有意识且理智地选择同理心，这样才是有利的。

当我在斯里兰卡的木屋走廊上看到特罗时，我问他如何对待同理心，以及如何定义它。他说，同理心可被看作是空挡①，同理心是采取进一步行动的基本态度，它是人与生俱来的能力，所以当有人感到难受、痛苦或幸福时，我们除了感知不会做别的。在拥有这种初步认知之后，下一步就是走正确的道路，即采取行动并有意识地对待同理心。

————————

① 空挡：汽车进行挂挡前，变速杆都需经过空挡的位置。这里的空挡指的是一切的基础。

认识需求：同理心和非暴力沟通

马歇尔·卢森堡在非暴力沟通理论中谈到了有意识地对待同理心以及与他人的需求连接。我认为"同理心"这个名字有点太广泛，参加研讨会的人常拿它开玩笑。但是如果真的研究它，就会发现这种对待他人的态度非常吸引人。只要探寻实践中的同理心，就无法绕过非暴力沟通。

非暴力沟通远不只是一种方法，它是一种对待他人的态度，也涉及应如何感知和接受他人的需求，以及如何接纳自己的问题。根据非暴力沟通的观点，人们的感受来自需求。简而言之：如果我的需求没有得到满足，就会产生不愉快的感觉。如果需求被满足，安全感和舒适感就会提升，所有人都有类似的需求。

非暴力沟通更多地涉及基于需求的感觉表达。对这些需求加以解释并把自己的需求让渡给他人，可以使我们免受语言上的攻击和指责。如果人们真的关心他人的需求，就可以免受愤怒和罪恶感的打扰，彼此和平共处。这意味着，我们要理解他人的需求，同时也要尊重和保护自己的需求。

首先每个人要对自己的需求负责，可以尝试通过表达来满足。如果对方愿意，只要不与自己的需求相冲突，就会自愿满足别人的需求。这听起来可能很复杂，但确实需要实践练习。

说到练习，有很多 GFK 培训师可以引导人们参加训练。

因为我认为这个工作真的非常棒，就去联系了在汉堡做培训师
的前男友。和他的一番谈话帮助我更深层次地理解了这种充满
尊重的思维方式，也帮助我反复尝试去认识他人的需求，从而
更好地去接受这些感受。

尤根·恩格尔是这样描述同理心的：

存在一种振动：我们像进入另一个维度一样来到同理心空
间，在这里可以达到新的沟通深度，这种深度不是智力交流层
面的。同理心对我来说意味着：我对你更感兴趣、想要了解、
知道你是谁、你看重的是什么。

我可以有意识地控制同理心，可以让自己变得真正的善解
人意。我想理解你，想和你见面，想充满同理心地聆听你、理
解你的言外之意。当你攻击我时，我会试着倾听你的弦外之音。
我想知道：你因何感到痛苦，你现在可能没有表达的是什么。

马蒂亚斯·阿尔伯斯（Matthias Albers），作为同理心培
训师和心理治疗师，对同理心是这样定义的：

对我而言，同理心是四个术语的集合：共鸣、反思、被倾听、
被看见。总之，这意味着：我理解你，也理解你所理解的事物，
以及从你身上理解到的事物。

我认为，同理心是同情心的一个方面，可以说是"实践中的同情心"。当有一个"我"和一个"你"时，就会产生同理心。同情心是一种心灵品质，它优于同理心，同情是心灵在共情。

对于同理心，人们需要一个"你"作为对象。我喜欢接触人们的"真实面貌"，当我移情时，我会与你以及你的真实面貌建立联系。我对你说："你是否因为需要某样东西才产生这种感觉？"如果你的回答是"是的，完全是"，那么我与你的真实面貌就连接成功了，我们之间就存在真正的联系，我们可以利用语言来表达自己身上发生的事情。

- 同理心是人格发展的一个过程。
- 同理心并非能一直发挥作用。
- 善解人意并非总是那么容易。
- 同理心总是需要人们有意识地做决定。
- 同理心意味着，在不加评判的情况下诚实地与他人的需求建立联系。
- 同理心是"你"和"我"建立真实联系的表现。
- 同理心要求人们对他人的真实面貌保持好奇。

• 有关同理心的研究

要想有意识地应对同理心，我们就要主动保持一定的思想立场。我们可以训练它，甚至在大脑中也可以检测到它。多年来，大脑科学研究一直在关注同理心现象，并发现了惊人的结果：存在各种不同的与大脑反应相关的同理心形式和与之相连的内心立场。位于莱比锡的马克斯·普朗克 (Max Planck) 与神经科学研究所的研究组组长塔尼亚·辛格，正在研究不同人群中同理心与同情心的区别。根据研究，基本上可以认为，人类具有对他人的境况产生共鸣的能力，这是我们的天性。这是个好消息，而且我们无法改变这个事实。

马修·理查德（Matthieu Richard）是塔尼亚·辛格研究中的一个重要实验对象。他可以有意识地在"同理心"和"同情心"这两种思想状态中切换，这一点让塔尼亚·辛格及其同事非常惊讶。（他在书中描述了这些状态：包罗万象的对周围人之爱——利他主义，正是对我们这个时代的挑战。）通过这种有意识的切换，人们产生了发展训练以加强这种内心立场的想法。

同理心

他们在研究中发现，人们在大脑中展现的同理心可能会使

自己出现紧张情绪。当我们去感知他人痛苦、紧张、不适的感
受时，我们自己可能也会出现这些感受，它们在大脑中也是明
确存在的。此时激活的是前脑岛和前扣带回，这些大脑皮层区
域在经历负面痛感体验时也会被激活。人们看到他人痛苦时也
会感到痛苦，这种感觉会消耗人们的精力，并随着时间的流逝
逐渐淡化，这不是我们所希望的！如果伤害太大，我们就会厌
倦同理心。

　　让我们回到不适感这一话题。在研究中，这种情况也被称
为"同理心困扰"。我知道这种感觉来自其他人，但是自己会
压力重重。这可能导致一个事实，即同理心真的使人疲惫不堪。
医务人员通常会经历这种情况，例如，护理人员和助手不断遭
受痛苦，以至于他们常常陷入筋疲力尽的情绪状态，情况最坏
时甚至都无法工作，产生倦怠。他们将患者的苦痛带回家并感
觉难以从中抽离，如果不学习如何应对这些内在的压力，久而
久之他们的健康会受到影响。

　　我们还从一些人们不太注意到的情景中了解到这一点：伴
侣、子女的坏情绪和痛苦会互相传播。因此当他们心情不好时，
作为亲人我们也会感到不舒服。我们沉浸在这种情绪中，忘记
自己原本是拥有好心情的。我们看到患病儿童身处困境时，会
下意识地做出反应，因为我们被一种自己的孩子生病难受的感
觉完全淹没。这种情况会发生在一些年轻母亲身上，她们不知

道如何应对孩子的流感和严重咳嗽，感受孩子的痛苦会引发压力和力不从心之感，尽管她们想要减轻这种痛苦却又不知道如何去做。

一个对同理心感到力不从心的人反应冷漠，绝不是他没有同理心，而是他把同理心转化成了自己的压力。这可能是因为无助感，助人意愿和接触恐惧正在他内心进行斗争。这种内心的挣扎使我们束手无策，变得紧张而无法采取行动。内心空间并不宽广，所以这个人会表现出强烈的情绪。拒绝、疏远和评判，这些都是同理心带来的压力可能导致的问题。人们常常不能理解，为何某人对他人的苦痛感到力不从心甚至冷漠。只有当自己有相似的经历（人无完人！），或者当他自己看到某人因为他人的痛苦和烦恼而表现得粗暴和生气，他们才能理解当时的内心活动。只有同情心才能帮助缓解这种状况。

同情心

有了同情心，内心的感受就完全不同了，此时大脑中负责关怀的这一区域开始激活。在这种情况下，我们都以爱的态度对待自己和他人，我们希望他人得到最好的，同时也会照顾自己，因为我们希望自己也得到最好的。同情心让人的内心空间变得很大，可以同时容纳自己和他人，对世界的视野也就开阔了。这种健康心态的基础是对周围人的爱，对人心怀仁慈的态度，而这种态度使我们坚强、温暖，友善和关爱对其他人来说是显而易见的。即使同情心听起来像是与自己无关，可实际上，我们是站在自己的角度去激发同情心，处于一个稳定的状态去关怀他人。

例如，一位经理对同事工作过度劳累表示同情，并提供帮助，不让同事的过度劳累转为经理自己的。这样她可以自己保持健康，也可以在此基础上使同事变得健康。同事喜欢这种理解和热情，这是一种美好的工作氛围。

研究人员给出了触发同情心时大脑激活区域的列表：

——内侧前额皮层

——腹侧纹状体

——腹侧被盖区

——脑干

——伏隔核

——前脑岛

——苍白球

——壳

这些大脑区域在爱（尤其是母爱）、联系感和关爱感出现时便会激活。

当我们遇到同理心带来的压力时，自己也是脆弱的，因为我们内心接受了他人的脆弱。但与之相反的，同情心会让人坚强。有了它，我们就不会迷失，因为积极的感受可以强化我们的免疫系统，它可以让我们勇敢而快乐地面对生活。同情心不会逐渐消失，一个富有同情心的人散发着奇妙的泰然自若之感，没有什么可以打破这种宁静。相应地，如果他认为这是正确的，他也可能会决定以一种善良的方式提供帮助。

这种内心态度我们称为"慈心"（Loving Kindness）。当谈论自我同理心时，我会再次谈到这种态度。慈心是与自己和他人友好互动的一种形式。

同理心和同情心训练

在一项长期研究中，塔尼亚·辛格和同事们发现，同理心和同情心是可以训练的。然而实验发现，接受同理心训练的实验对象变得更加悲伤：他们所见之处都是别人的痛苦并感到无助。在对同情心进行训练时，由于受到慈心冥想的影响，人们产生了其他感觉：人们有一种帮助他人和减少痛苦的强烈需求。

通过这些行为，他们变得坚强而幸福。

认知同理心

同理心共鸣的第三种形式是认知同理心。此时我们会想象自己处于他人的位置，去考虑所有情况，考虑对方的立场及其想法。例如，我与某个人见面之前会思考对方到底境况如何。我思考着、想象着这一切。这种形式在很大程度上脱离了情绪反应，显得更冷酷。我知道对方头脑中的想法。"因此，人们常常将认知同理心与'心智理论'这一心理学概念联系到一起，并相应地认为，认知同理心包含认识自己和对方的心理状态并适当地做出反应和解释的能力。"这是蕾娜·芬克（Lena Funk）在她的《同理心》一文中描述的认知同理心。

当然这并不需要思考，这是我们可以做的一件好事——认知并理解他人的想法。但是，为了更清楚地表达我们的关怀，还需要更多，如对他人内心的关注、真正的沟通，以及了解他人需求的意愿。

从神经元的角度来看，认知同理心似乎与同理心和同情心有本质的不同。这里活跃的大脑皮层区域如下：

——前额叶皮层

——额下回

——颞顶联合区

情绪传染

同理心共鸣的最后一种形式是情绪传染。我们下意识地接受了他人的反应，而没意识到那种反应是不属于自己的。然后，我们自己感觉怪怪的，但不知道是为什么。我们发现自己的心脏跳得更快，但无法立刻找到原因。例如，老板匆忙赶到办公室，迅速向办公室里发了几条指令，又匆匆离开了。他的不适和压力已经转移给了一些同事，而这些同事最初并没有意识到是他传染了他们。

我希望从同情心层面来描述同理心的概念。从研究结果来看，这两个概念不能等同，但是，普遍意义上的同理心并不是指风险和限制，而仅指同理心的优点。在本书中，同理心一词的含义如下：

同理心是一种人与人之间彼此感知的基本共鸣。我们将这种基本感觉与帮助他人的快乐和为他人服务的快乐结合在一起。这样，我们可以帮助其他人，而不会期望得到任何回报，即无私地帮助他们。基本上类似于父母带给孩子的东西——关怀和自身的稳定陪伴。

对世界的同理心视野

日常生活中我们会问自己，我们对谁充满了同理心。我们以各种不同的方式去探寻他人的内心世界，有时探寻得多些，有时少些，有时满怀同情，有时视而不见。

在我看来，我们是否可以控制同理心视野的大小，这几乎取决于我们的心情和心态。我们越敏感，越柔和，视野就会越广阔：我们允许自己受到影响。允许自己受到影响是一种风险，因为这个世界上发生的所有事情都会影响我们。他人的感受影响着我们，我们很难逃避它，但是有时候必须这样做才能完成我们的日常工作。有些事情会给我们带来非常不舒服的感觉，因此我们宁愿决定不看。我们选择退出，缩小对世界的视野，我们不想让自己遭遇相似经历。

在药店不知所措

几年前我就不再吃肉食，限制自己摄入动物制品，主要食用不含动物制品的食物，注意不对环境和其他人造成太多损害。这涉及消费带来的结果，例如衣服、电力、化妆品等等。保持概观整个世界的能力有时很困难。

直到某个星期六，我在药店购物时感到非常无助：未经动物实验制成的产品中含有部分危害海洋环境的微塑料颗粒。这些对我的健康无害的产品是从遥远的国家进口的，在那里人们只拥有最低工资和基本的工作条件。这些货物的运输也增加了二氧化碳的排放。

这样的事如今从未断绝。当我环顾四周时，这些消费产生的不良后果向我大声嘶鸣。如今，消费正在以某种方式伤害生命，破坏环境。如果人们认真考虑这一点，则必须深吸一口气。当然，消费可以促进经济发展，创造就业机会并确保我们持续健康，这是毫无疑问的。我们几乎随时都能得到想要的东西。在我的少年时期，有些东西真的没有地方可买，今天却可以随时获取。

那一刻，这种物质富裕和消费产生后果的负面影响沉重地压在我的肩上，眼前的无力感使我不知所措。当然，关于如何环保饮食，如何获得无包装的产品，哪些有机农场生产优质蔬菜，如何自己种植蔬菜等方面，有很多很好的建议，但只关注这些终将会变成一个所谓的环境保护狂热者……

多少同理心才是有益的？

我总是有很多这样那样的想法和冲动。我花了很长时间思考这些东西，直到我的视野达到足够远的地方，并把自己难以承受的东西释放出来。直到我意识到，自己生活在一个怎样的世界，意识到正确地做所有事而不伤害任何人是根本不可能的。我认为，由于害怕，人们会不知所措，许多人闭目塞听，并没有真正看向世界。因为如果有更多的人有意识地这样做，他们将自愿参与这个世界上发生的不公正之事，他们可能会无法摆脱悲痛。当然，留在舒适区、不质疑任何事物、不改变任何事物，这样生活会更容易一些。有时候，我希望自己不要对世界投入如此多的关注，这样生活要轻松得多。

那么，我该如何以同理心的眼光来看待世界才是最好的呢？我该如何控制它以免让自己不知所措？

如果我们想唤醒和强化内心的同理心，首先检查显得尤为重要：我现在感觉如何？我允许别人的生活状态影响自己吗？

例如，有段时间我不能看动物保护类的视频，因为这会让我感觉筋疲力尽。因此，检查自己是否处于安全和稳定状态，以及自己是否做好感知他人的准备，这些是非常重要的。

医护人员必须偶尔有意地缩小同理心视野，否则根本无法从事这个牺牲自我的工作，他人的苦痛在一定程度上将会耗尽他们的精力。倦怠是这种职业中的常见现象，因此在这里保护自己很重要。如果我忍不住缩小视野，就像拉上舞台的帷幕一样，我就可以检查是否可以着手做某些事，否则就只能空有个好想法。因此，每次看到冷链工作者，我都会发出一种祝福，我希望他能被可怜的小动物接纳……

再回到扩展视野这一话题，这是一点一点发生的，最理想的是，让我们首先关注自己附近发生的一切。我的家人过得怎么样？我是否知道母亲的流感已完全治愈？我能够做到关心这些吗？在扩大同理心视野时，我必须采取的第一步是关注最亲密的圈子：家人和亲密的朋友。大家都好吗？过去有谁遇到过问题吗？我可以做点什么？

当我与特罗谈论我不知所措的时刻时，他回答我："永远不要变得极端，那样会伤害自己。然后，不要一开始就关注不好的事，直接采取行动，这些不好的事物就会远离你。首先把目光转向你最爱的人，关心他们，这是以同理心看待世界的第一步。"因此，如果我做到了这一步，当然就能敢于进一步观察，进一步扩大视角，更加直面世界。我看到谁？熟人，同事还是邻居？我能为他们做什么？我对看到他们现在的处境付出了足够的用心吗？如果我的视线范围进一步扩大，我可能会看到在餐厅为我服务的服务员与之前也大不相同。我看到商店里在我身后排队的老太太，以及来自不同国家、具有不同信仰的外国人。在某些时候，视野是如此广阔和开放，以至于我们可以看到所有人之间的联系，这样同理心就会成为一种习惯。

如果我们继续扩大视野，就会关注到动物：农场动物、家养宠物和野生动物。我们利用、消灭这些动物，剥夺它们的生存空间，同时通过工厂化动物养殖破坏我们的地球。我们没有关注过动物的感受，因为美味的牛排比我们苦涩的良知味道更好。我不想在这里做进一步介绍，这些事情众所周知。

看到这里，有人可能会反驳："只要有人还在挨饿、受苦、逃难、受冻、被虐待和歧视，就不能不考虑到工厂化动物养殖。"每个人都有自己的同理心世界，人人对世界都有不同的看法，"等级顺序"通常是不同的。这样，我们可能会与他人发生冲突，这是不必要的。

每个人都可以尝试变得柔软，并展现真正的同情心——无论从何时开始都可以。最主要的是每个人都有了一个开端，因为只有自己的价值体系在过去的时间里发生变化，并不是所有人都能同步，时间也不会等待。我想说：我们应敢于每天观察周围，看得更远一些。

现在，我们仔细观察一下自己对世界的同理心视野：我的行动对世界产生了什么影响？谁在和我共情，我何时能从同理心的旋涡里脱离出来？这是同理心的一种形式，它预见性地以我行动产生的后果为目标，恰好此刻也有同理心。紧接着我身边发生了一些事情，我问自己：现在正确的处理方法是什么？我会让自己受多大程度的影响，我要偏离自己的观点多远，如何靠近他人？因此，我在做决定的同时，除了感知他人的感受之外，我还需要同时很好地管理自身感受的能力。

终于理解我了！

对同理心的思考也会使我们意识到，我们每个人都一再地要求和期待得到同理心，在人际交往中可以很好地说明这一点。我们从亲密关系中就开始要求同理心，尽管实际上我们只在乎维护自我，最终只关心对错；尽管实际上我们只需要一点关注就已足够，但人们不明说，而是攫取了对方的同理心，最后甩出一句老生常谈的话使他良心不安："你永远都不了解我！"当然，这是一句很伤人的话，但是老实说，当我们处于这种情况时，理解彼此并不那么容易。你知道这样的时刻吗？我对这些时刻非常了解！

　　因此，当你意识到自己在索取同理心时，最好警醒自己，然后停下来问自己，实际上是否必须这样做，即使是必须的，我们也不应索求无度。

　　因为，如果我们期望对方，例如合作伙伴、同事或上司，理解我们饱受折磨的缘由，考虑我们的感受，那么我们就会让这些人为难，并惹出不必要的麻烦。另一方面，如果我们明白，每个人都在努力使自己的内心世界正常运转，且这个内心世界包含所有苦痛和忧虑，需求和感受，那么我们就应知道，要求他人必须察觉到我们的所需所求是不现实的。如果继续对它怀有期待，它将与同理心无关，而成为一种日益增长的贪念。

沟通的最低限度和及时的倾听

　　如果我们希望其他人可以关心我们的事，并痛下决心不再做出风头的事，那么就可以表达自身感受并邀请他人进行双向和谐的交流。

　　我们需要设置一个沟通的最低限度，这个最低限度可以确保他人知道我们的底线，并且能够相应地以这种限度满怀同理心地与他人交往。

如果我们希望他人加入我们并对我们表现出同理心，就应该敞开心扉告诉他们自己身上发生了何事。如果不这样做，当他人在交谈中也说到自己的难处时，我们可能会沉浸在自己的事件中而不能自拔。

当我们期待甚至想得到同理心时，我们又能够做些什么呢？这需要有勇气和意愿来积极了解他人最新情况，这对我们而言相当重要。它需要一种洞察力，明白大家总是充满想法或问题，会时不时地带着愿望退出交流。交流中永远存在付出和接受。那并不意味着我们的问题对他人无关紧要：他们只是被自己的许多东西绊住了。在下一次对话时，此人会全心全意地再次出现在我们身边，并和我们形成统一战线，至少我们希望如此。如果情况紧急，我们应当表达我们想要或需要的东西，而不是屈辱地退回到"蜗牛壳"里。

面对面的交流可以帮助他人充满同理心地对待我们。公开表达自己的感受和需求可以帮助他人感知到我们的内心。

· 对世界开放的同理心视野可以允许出现不同的事物。

· 每个人可以决定开放范围的大小。

· 我的视野越广阔，随着我的行为产生的后果就会越多。

·如果我期待获得他人的同理心，就应当明示什么对我是最重要的。

·如果我想要充满同理心地对待他人，我应当注意倾听他人内心的声音，了解我的交流对象身上发生了何事。

· 理解自己

慈心冥想：

愿我安好幸福。

愿我远离敌意。

愿我远离疾病。

愿我远离烦恼。

这是我在特罗那里学到的慈心冥想的一部分。他开设了很多冥想培训班。他工作的核心就是慈心，因为他说：

人有两种重要的层次划分：

1. 我。

2. 我之外。

让我先从"我"开始。同理心使我能够善解人意地对待他人。

　　特罗解释说："'慈心'是一种态度，是一种生活观念。人们首先应该接受自己，然后是他人，最后乃至全世界。"这意味着：我平和地希望自己能够一切安好。

　　特罗说："先点亮你自己，然后试着用自己的光去帮助别人。"我突然想起了飞机上的氧气罩，使用说明是这样的：在帮助老人和儿童之前，先把自己的氧气罩拉到身前。很显然，为了保持行动能力成年人是首先需要面罩的，每次我乘坐飞机时都会想到这个。在生活中也是如此，在帮助他人之前，我们首先要照顾好自己。

　　特罗是这样描述慈心冥想的：

　　它是一种技术，以引导人们形成快乐和满足的基本态度，拥有自信、幸福的生活。慈心是我们精神发展的基石。慈心是一种非常友好和温暖的感觉，但我们不要把它与爱相混淆，爱是一种"极端"的感觉，仇恨是与爱相对立的极端感情。慈心代表的是中立。

　　如果我们可以满怀爱心和友善地对待彼此，就能够化解负面感受并怀揣着爱心和友善与他人相处。我们的依恋和毫不退缩的自我是所有问题的根源，我们可以通过慈心观念来获得轻松和内心深处的平和。如果我们成功地把自己与这些依恋和纠缠分开，那么就能以柔和的态度接受所有事物。

内在的慈心态度可以使同理心成为可能，并且这种态度每个人都能培养。这里不只是冥想，更重要的是首先给予自己，然后带给他人内心的温暖。慈心是一种概念，它使我们能够和善地看待自己，其次是我们周围的人，乃至全世界。保持这种态度需要努力，这就是我的感受，但这是值得的。

特罗解释道，投资我们的大脑是值得的：

人们在如此多的事物上投注了精力。人们想赚得和平时一样多甚至更多，就必须投入很多精力才能让公司正常运转。如果我们不对大脑投入精力，又怎么能成为成功人士呢？我们要试着引导自己的思绪。同理心和同情心是一种人们为了获得幸福生活可以培养的能力。

因此，同理心始于充满爱意地观察自己并使自己脱离苦海。特罗解释说："这种苦难的每一个表现都是我们对世俗享乐和物质的渴望，以及对权力和财产的追求所致。"那些看似使我们幸福的事物，却让我们脱离了对自己和他人的关注。自我同理心不是指更加看重自己、获得更多东西或得到更多金钱，而是建立在对自己的存在、人格、生活，以及需求的善意接受之上。当我充满感知我 w，同情并友善地对待自己时，内心的平和就出现了。

现代生活中的"自我"

最近几十年来，各种形式的训练蓬勃发展。"自我"一直在各种项目中占据重要地位，并常常被人们追求、寻找、优化和定型。"简单五步拥有自信""只需七天帮你找到自己""做真实的自己，一切都会变好"……

我们总是可以在继续教育和培训中看到这些类似的美好憧憬。到目前为止，教育和社会显然还没有教会我们如何对待自己，只有这样才能解释，为何人们对这些主题有如此大的需求。自我陷入困境后，我们是否有足够的时间来对待自我？我们是否在物质上太充足了，以至于意识到"哪里缺点什么"？为什么尽管所有基本需求都得到了满足，我们已经拥有一切，还是不幸福？从什么时候开始我们拥有一切却还是不满足？

毫无疑问，关注并照顾我们的自我是很有意义的。正如我们了解到，这也是关心他人的一个前提。怎样使自我被人关注到，这一点是我们经常不了解、很少了解甚至是误解的。但是与自我打交道也有危险：一直只关注自己的人会完全忘记他们自己并不是宇宙的中心，大家都生活在一个互相帮助、互相体谅的集体中。我们是彼此联系的，其他人也不一定是不善的。是的，我们生活在一个相互依存的世界中。但是，在个人主义日益增强的时代，我们常常忘记这一点。

　　独自一人固然很好，但是若失去与他人的联系，我们最终只会失败。电影《荒野生存》非常清楚地表明了这一点，主人公远离所有爱他的人独自生活在旷野，最终他孤独地走向死亡，并在生命的最后时刻认识到，如果人们不能分享幸福，那它将毫无意义。他一直在寻找自我，最后在这过程中也丢失了自己。我们根本无法独自生存。

　　让我们把话题转回自我。我认为，如果我们不让自己摆脱自我反思和优化，就会陷入高估自己的危险中，以至于对世界的同理心视野不知不觉地缩小。然后，我们会对自己和自己的忧愁过度重视，用自己幸福或不幸的经历来衡量一切，而实际上我们这些经历并不是用来衡量一切的标尺！

　　我一次又一次地意识到我们人类在各个阶段都如此迷恋自己，不断盯着自己的灵魂，不断回忆自己的童年，并向自己或其他人解释我们的感觉，这样一来，大脑和心灵留给其他事物或其他人的空间就寥寥无几了。人们几乎与自己和自己灵魂的深渊融为一体，这时人们会缩小自己的视野，把目光重新放在自己身上。可能每个人都曾知道并经历过这样的阶段，这对于个人发展很重要，但若一直持续这种状态并无太大益处，因此必须终止。

如何展现自我同理心？

尤根·恩格尔是这样描述自我同理心的：

同理心始于我们自己。当我在一个让自己害怕的地方时，我必须首先对自己有同理心，必须重点关注自己。我花时间去感受自己，允许自己产生感觉，并问自己："我为什么害怕？我现在需要什么？我为什么如此紧张？是哪一个需求没有得到满足？"然后我可能会想到答案："我需要信任，我需要安全。我想保持良好的状态。"

当我满足了需求后，就可以照常回到生活中，我需要接受自己。这就像镇静剂一样：只有注意到自己现在需要什么，内心的大门才会敞开，然后我可以再次满怀同理心地和他人打交道。

下面我们来了解自我同理心不同方面的内容。

1. 认识和接受自己的需求

需求人皆有之，有时我们并未意识到它们的存在，只有当我们与他人接触时，才认识到对自己真正重要的是什么。一旦了解了这些，慈心就会让我们友好地看待这些需求，并真诚地与自己和他人沟通。我们可以询问：你需要什么？我需要什么？

我们可以扪心自问，我们想要之物是否真的对自己很重要，以至于我们想要去实现它，另外是否也可以做出让步。相比于两个自我主义者针锋相对，用一种友好的态度能让我们更好地解决与交流对象之间的问题。

2. 不要评判自己

我们总是会触及行为的底线。我们会犯错误、伤害别人，有时或许只是与他人打交道时感到尴尬。观察自己的行为方式意义重大，在观察时以下内容很重要：

我们必须停止对自己和自己的需求进行持续评判。

在生活中应该如何同情他人？如果我一直责骂我自己，我要怎么去理解他人的行为？如果我评判自己的怪癖，最后将它们摒弃假装视而不见会怎样？心理学家、演讲家和作家乌尔里克·舒尔曼（Ulrike Scheuermann）在《内心自由》一书中讲述了一个事实，即我们必须看清并正确认识自己可能有的阴暗面才能找到内心的平静。她说："正是我们身上这些不可爱的一面，在他人身上出现时会引起我们的愤怒，因为我们不是有意识地看到并接受它们，而是压制它们。"在心理学中，这个过程被称为投射。我们看到另一个人身上某些使我们愤怒的东西，这种投射实际上就像是手电筒光束——我们知道自己这一特性，但更愿意把手电筒移开，去照亮别人，并为他人身上出现的相同行为感到生气，因为这些行为是自己不乐意见到的。

随后批评纷纷袭来，这些批评当然是针对他人，而不是我们自己。批评当然很简单，但这并不代表着真正的诚实。同理心的一个关键点是：如果我们坦诚地看清并认识到自己黑暗的一面，且拥抱自己的内心；如果我们用自己的行动帮助自己身边的人，那么我们就可以轻松地理解他们所处的境地，而不是直接对他们进行评判。自我同理心不是永远欺骗自己，也不是学习一节又一节让人自我感觉良好的自我改善课程，这就像对自我的美化，在自己的外在下化妆。自我同理心更注重让人们要以最现实、诚实和友善的眼光看待自己，以及我们为所有人带来的负面和正面影响。就像我们对待最好的朋友那样，充满爱心，宽容大度。

人们如何靠近自我同理心？

我们可以想象一下某个借款账户。处于借方地位的，是我们身上并不出色的个性；处于贷方地位的，是我们身上的闪光点。然而，维持积极的这一面对很多人来说都很困难。据我参加演讲培训的经历，可以深刻地理解这一点。尽管有很多同事的支持，也参加过很多新活动和课程，我对自己的怀疑仍越来越大，我不知自己是否可以应对这个任务，即在大型舞台上做报告。这时我的一个好朋友帮助了我。

他是一位喜剧演员，深谙我们在舞台上不自信、觉得自己不够好的内心活动是怎样的。因此他"强迫"我在说出报告的内容、结构、陈述及关键词之前，先完成这项任务：在一张大纸上用彩色笔标出，哪些内容是我在舞台上可以很好地完成的。

然后，我被要求在第二张纸上写我可以做得更好的事情；在第三张纸上，写演讲之后人们的情绪走向。我开始了这项任务，尽管我心中有一定的抵触，其实我更愿意关注讲课的内容、强有力的陈述，而不是观众。这在我看来很无聊，不知为何，就好像一个人总是被逼着去列举三个优点，比如说，我很守时、我很可靠、我很有团队精神等。

我仍然非常清楚地记得，那三张白纸悬挂在我床前的样子，我凝视着它们，发现一切都变得好起来。内心的批评人格是一个非常努力的家伙，让批评的观点从我身上流淌而出——保持张力，更加具体，深入探索，更多和更精准地研究，做更多示范，找到突出的例子，等等。记录我缺点的白纸就这么安静地躺在那里，看着我。

而记录优点的白纸因为空白反射着光，我身上没有流露出任何优点。我一直在看那张纸，尽管它空空如也。好吧，我想起了一件事情：人们经常会在我的演讲中大笑，我似乎很有幽默感，但我立即感到有点羞耻。这样赞美自己，多少有点奇怪，我们更习惯不那么重视自己的优点。

当我看到这两张差异明显的白纸时，我突然意识到：如果我不知道自己的长处，我就无法处理自己的弱点。当我把自己与缺点一个个对号入座之后，我就再也看不到别的东西，也不能对其他人感同身受了！我几乎无法形容这种认知。突然间我心里清楚地意识到：我必须知道自己的优点，好阻止自己被"瓦解"。这是为了创造一个与不那么完美的事物之间的平衡点。

这个平衡点支撑着我，让我勇敢，为我提供了基础，并增强了我背后的力量。在这个基础上我可以更轻松地面对自己的弱点，因为它们不再那样沉重了。凭借良好的平衡点，我甚至可以承认自己的弱点，因而可以更好地面对批评，也可以轻松地谈论自己不擅长的事。承认错误和无知对许多人来说是极其困难的，我们掩饰、保持沉默、欺骗、说谎，以免让自己显得软弱。这是为了什么呢？是为了保持自己完美无缺的形象。什么是完美的形象？其实，这只是对一个不存在的人的完美幻想。

被缺点包围的不适感，相信很多人都有体会。我们的社会氛围常常是不承认这些缺点：广告常向我们展现的是完美的没有黑暗面的成功人士。人们获得成功、展现成果，压力日益增加。在学校里，人们不是关注已经取得的成绩，而是批评错误。我女儿经常下课后回到家说："我知道自己做错了三件事！"

我反问她："你知道自己已经做得很好了吗？"在学校里我们学习、了解自己的不足，在工作中我们学着追求完美。但是这二者间的中间地带在哪里？

自信：介于自我膨胀和自我批评之间

对我来说，自信意味着相信自己，知道自己的优缺点。而自我同理心意味着，不仅要了解，而且还要仁慈而友善地看待和对待它们：无论是善良、宝贵的一面，还是烦琐、恼人的一面。

因此，当我们知道自己的优缺点时，会产生更了解自己的感觉，并有机会以友好的方式与自己相处。一个不断专注于自我，超过关注他人的人，将找不到与自己和他人的良好相处模式。批评人格也是如此，它是将自己撕碎而不是支持自己。然而自我同理心意味着，我们要以一种温暖、充满爱意和友好的眼光看待自己和他人。当我们感到痛苦和不足时，这种眼光可以让我们同情自己，大大改变我们的现状，接受自己。尽管我们表现得并不那么出色，但这种充满爱意地眼光看着我们，能让我们认可自己的全部。

同理心意味着：

·友好地对待自己。

·充满爱意地看待和认识自己的光明面和黑暗面。

·重视自己，但不要过度重视。

·不要自视过高，简单一点就好。

·自信生活：透彻地了解自己所有优缺点。

·对待他人的同理心

我们已经了解到认知同理心和同情心的概念。在此，我想谈谈这些同理心形式的特质，并说明它们具有哪些优势以及如何使用它们。

我认为这两种形式相互关联，只是偶尔会出现彼此完全脱离的情况，思考和感受是紧密相连的。当然，也有人只对认知情景有反应并做出相应行为。他们表现得更为冷漠、行事谨慎和自信。他们有能力切断情绪（至少表面上看来如此），以保持头脑清醒。

另一方面，很多人会对情感做出反应，因此可能会不知所措，甚至可能会使他人因他们的反应感到不堪重负，或陷入困惑。让我们假设一个场景，有一位即将发表演讲的职员施密特

（Schmitt），现在他站在那儿，浑身发抖，感到恐惧：他害怕讲话时突然失去思路。又或者是在乒乓球俱乐部参加信息发布活动，以及参加家长会的时候，无论是在哪个场合，恐惧都是一样的，即使我们很想试着在各种场合更自然地微笑面对它。

　　无论如何都不应该低估情绪给人带来的影响。施密特担心上台时自己会大汗淋淋且气喘吁吁。那时候他遇到了同事麦尔（Meier），她是名职业女性，就像书中描述的那样，头发被高高固定起来，眼镜架在隆起的鼻子上。她不能容忍错误，她看到施密特站在那儿，颤抖着，垂头丧气。她是怎么做的呢？她走向他，笨拙地拍拍他的肩膀说："其实您演讲的内容很好，您已经成功了。放心吧，没有人会倒在舞台上。"然后她继续前进，不再回顾张望。她知道拍肩膀是一种友好的动作，她赞扬并鼓励了这个同事，正如她在一本商业指南中读到的：认可和欣赏很重要。

　　但是施密特在做什么？他站在那儿，甚至在继续发抖。为什么？这种事实层面的帮助并未真正起作用，压力依然在增加。这位女士没有从情感层面理解他所处的境况，她只是从理智层面理解她的同事，而不是从心灵角度。她知道害怕站在舞台上有多糟糕，但是她没有让自己去体会，认知同理心常常就停留在表面上。

　　施密特还站在那里，持续时间有十分钟，他不知道该怎么办。然后他办公室邻座的同事库尼伯特（Kunibert）经过这里，看到他站在那儿，他做了什么呢？"施密特，噢，你看起来怎么样？感觉糟透了！我明白！你出汗了，你实际上应该换一件新衬衫了！亲爱的，希望一切顺利！我上一次演讲也搞砸了。真的很糟糕，老板自那以后就再也不和我说话了。下次见到他我必须解释一下，最近他一直心情不好！我祝你好运！"说完他就走开了。

你认为施密特现在感觉如何？很明显，这下更糟了。库尼伯特纯粹以情感的方式做出反应，把整个事情说到自己身上，以自我为中心分享自己糟糕的经历，却使别人陷入更加糟糕、压力重重的状态，然后迅速逃跑了。这种情况经常发生：他人的困境使我们想起了自己的经历，然后这些经历会流于表面，被人们拿来交流。这种行为是非常简单粗暴和以自我为中心的。可怜的施密特！现在，他站在那儿，遭遇了两次好心做坏事的同理心尝试行为，希望其他人能对他有所帮助。

之后来的是实习生蒂娜（Tina），她是个二十岁出头的聪明女孩，有自己的生活计划并知道需要为此努力。她看到施密特站在那儿，走上前问他："您好，施密特先生，您今天做报告对吧。这就是您的成果吗？太好了，因为您终于有机会展示自己的出色成果，这很特别。"她看了他片刻，等待他的反应。当他尝试微笑时，她继续说："我知道您很紧张，但是您已经做好充分准备，一切都会在掌控之中！我再给您倒杯水吧！在演讲之前，这方法总是对我有帮助，我还会交叉手指，那会放松许多。"施密特感谢她给的水和关心。是的，他认为结果会出乎意料得好。微笑出现在他的脸上，他喜欢蒂娜和她开朗的性格，他的情绪发生了改变，几乎期待起自己的演讲了。

蒂娜做的是对的，她进行了换位思考，并猜测他可能需要什么、需求是什么。此外，她在谈话中强调的是积极层面，而不是消极层面。谈话中只涉及他，而不是女孩自己。在当前情景中，她提供了一些自己演讲时可能有帮助的建议。如果施密特回避这个问题，她可能会保持沉默，只是给他一个微笑，通常这也足够了。

这种充满善意的态度是我们所缺乏的。

他人需要什么，是心灵还是理智？

一个朋友打电话给我，告诉我最近他过得很不好。他不知道自己要去哪里，感觉自己的工作没有实质性的成功，卡在了瓶颈期。我听了一会儿，然后开始劝他："你可以在脸书上发起一项活动，发布更多的消息，可以咨询别人，我认识一些人，你想和谁联系？"我旺盛的助人欲望被完全激发了，为了寻求解决方案，我的内心和大脑都在全力工作 —— 一定要做点什么事！

　　过了一会，他有些粗暴地打断我："你就不能让我保持现在的不幸状态吗？我现在不想要解决方案，不要脸书，不要跟人联系。我只想要在不幸的状态里待着，希望这是被允许的。"

　　顿时一片安静。

　　一时间我惊呆了，没想到我的盲目行动后果会是这样。我完全没想到——这一点是个盲区——有人想留在自己不幸的情感体验中。他继续说："我只想要那种感觉！你只需要听我诉说，陪在我身边。"

　　我忽然感觉不对：我原以为我知道他需要什么，但是我错了。我非常感谢他的反馈，否则我将在解决方案这个方向上继续钻研（而我们的导师始终以解决方案为导向），然后离他越来越远。如果我认为自己知道什么对别人有好处，那不一定是真的！我的大脑有针对性地给出了一个方向，好让内心有继续倾诉的机会，这样我就能直接倾听，也许会安慰他并接受他原本的样子。因此，富有同理心也意味着，可以什么都不做，什么也不说，只是提供陪伴。

　　你现在需要我做什么？此时此刻我不知道应该怎样帮助你。这个问题非常重要，我们应该在交谈中表达出来。因为有时候我们只是不知道答案，而且表达出我们的无能为力也是同理心的一部分。我们满怀同理心并说道："我可以看见你、倾听你的内心，但我现在不知道你到底需要什么。我们坐下来制订一个计划？还是你只想停留在原本的状态里？"

对待他人的同理心意味着：

· 真实和诚挚地陪伴他人。

· 不要把别人身上发生的事转化成自己的问题。

· 仔细观察别人现在需要什么。

· 为了提供适当的帮助，可以先提问。

· 让他人留在自己所处的境况之中。

· 也可以什么都不说。

· 感觉及其产生的后果

感觉就像一口敞开的奇妙而巨大的锅。如果我们对自己是诚实的，那么感觉就会在很大程度上控制着我们的生活，它们通常既是诅咒又是祝福。心理学家保罗·埃克曼（Paul Ekman）写道："情感是我们生活的重心，它使生活变得有价值。"即使如此，感觉还是经常给我们使绊子，让生活困难化、人际关系复杂化，有时我们甚至希望自己不要听从感觉，但感觉无处不在。如果我们认为自己可以忽略感觉并过着舒适的生活，尽可能不带强烈的情绪波动去生活，那我们就大错特错了。如果我们长期压抑感觉，那么这口锅会在某个时间爆炸，我们只能做到不要在锅爆炸时靠近它！

但是那些有着各自感受的人通常是引发爆炸的诱因——与之相反则意味着，如果我们想逃离生命中这些有时激烈的运动过程，我们就必须与世隔绝过着隐居生活。但是，世上不是只有散播悲伤、扰乱我们关系的一面，幸运的是，还有经历、热爱和赞颂积极情感的一面，如果这些事物的存在占据主导地位，那就没什么需要抱怨的了。光明和阴影都是平衡人格的一部分。就像特罗曾经对我说的那样："如果只有阳光照耀，你便再也不能看到月亮。"我们已经做好准备迎接好的事物和不那么好的事物。到目前为止，现代科学更为详细地研究了这些负面感受，因为我们想掌控它们。

不要相信你的感觉

特罗说："有这样一句话'永远不要相信你的情绪，因为它们来来去去，行踪不定'。"确实如此！无论是过去还是现在，我都对这句话记忆犹新——我们对这些飘忽的感觉倾注了太多关注！说起来很简单又有点羞愧：我们常把自己的感觉看得太重。更严重的是，我们并不是和我们感知到的事物共处，而是直接进入这些事物，把自己与这些事物相联系，把自己变成了情绪，除此以外，别无他物。例如，如果我和我的丈夫吵架，此时我就是个受委屈的人，再也不是一个幸福的妻子和合格的母亲，我只是个受了委屈的人。

如果我们从现在开始，减少对感觉的信任，并把它看作是我们人格中飘忽不定的一部分，将会发生什么？冲突会变成什么样子？我们能拥有多大的自主性可以掌控冲突，可以微笑着放松心情，产生与之前完全不同的感受？然而这是脱离现实的，因为有些事物阻挡了这种持续放松的心态：我们的暂停按钮。如果按钮被按动，我们将无法好好与自己相处。

所有这些与同理心有什么关系？首先了解自己的感受并能够对其进行评估是至关重要的。因此我不会期待沟通对象能够理解我的每个感受，而是自己处理它们，因为不是所有情绪都必须被释放出来。

此外，还会出现一个问题：如果我发现了周围人的暂停按钮，那我应该如何对待它呢？保罗·埃克曼在《阅读感觉》（Gefühle lesen）一书中深入研究了这个问题，并解释道，在这些情感时刻中，有些东西对我们是有用的——可能并不存在所谓的不应期①。这听起来像一个晦涩难懂的术语，不是吗？然而在这个术语中存在一些事物，正如来自汉堡 V.I.E.L. 培训公司的培训师汤姆·吕克尔（Tom Rückerl）所说："如果人们受到情绪影响，智商就会下降到接近为零。"这让我想到，强烈的负面感受常常使人变得愚蠢……但是在另一方面，可能积极的感受也是如此，例如恋爱中的人通常智商也不高。

如果我们处在一个危险的地方，根据埃克曼的观点，不应期是这样一个阶段：我们在这里感觉受到了打击，不再接受任何解释和安慰。我们陷入问题当中，不想也不能理解任何事物。那一刻，实际上我们也不清楚自己的感觉，也不能接受自己误解了某件事。而实际上事情是完全不同的，他人并不是想对我们不利，也没有任何责备。只是我们一直处在生气、激动和委屈当中。

埃克曼认为，如果这一阶段只持续很短的时间，那没问题。但是持续的时间越长，我们就越难靠近他人。这些感觉就越多地渗入关系并使关系恶化。如果此阶段持续下去，我们的交流对象用漠视来惩罚我们，我们需要更加小心，以免再做任何错事。我们要努力绕过这些困难，而不是意外地按下暂停的按钮。

要知道，这是筋疲力尽的感觉，这也是同理心的一个标志。

---

① 不应期：在生物对某一刺激发生反应后，在一定时间内，即使再给予刺激，也不发生反应。一般称此期间为不应期。

人们出于和谐考虑这些事，为了让这一阶段尽快结束，尽快恢复自己的思想，从而认真聆听、理解并做出让步，承认自己的错误。这是应对情绪状况的建设性结果。对此特罗说："如果我们能说'我明白你的意思，我理解你'，那么情况会好很多。"

相反，我们认为自己是对的。在他看来，这就是讨论与争吵的不同之处："如果我讨论是为了取胜，那它就不算是讨论。因为讨论是开放的，思想、心灵和耳朵都处于开放状态。"显然，为了使我们的思想、心灵和耳朵处于开放状态，我们应当把不应期抛到脑后。

感觉的触发因素

让我们退回去思考一下：感觉到底是由什么引发的？首先，似乎我们拥有所有人都能理解的普遍感觉，如当遇到事故或在公寓中发现小偷时，人们会害怕，也有个别的触发因素。当我们在与人交流过程中遇到这些触发因素时，有时我们很难理解、预测或应对它们。这样的话，人们需要更深刻的理解和更多的同理心。

这些是已经习得的情绪反应模式，这些模式是有益的，因为它们为我们的生活提供了解决问题的策略，它们都有起源和特质。

根据埃克曼的说法，最常见的感觉触发因素是本能反应。这是最快的机制，但是可控性最低。当然，我可以学习如何更好地应对某些触发因素并获得更好的体验，但这对许多人来说是一个巨大挑战。一个重要的因素是时间，本能反应很好，因为它可以在危险情况下快速保护我们，但是它使我们在情感上未加考虑就做出反应，这种反应可能是不利的。有时我们想克服这些本能，但通常是很困难甚至是不可能的。

认知评估是感觉的另一个触发因素，它会被自动触发因素激活。例如，当我听说我最重要的一个客户的订单量正在减少，我的恐慌接踵而至，第一反应可能是：我会失去所有，变得一贫如洗！然后紧接着我会想到，自己为这些客户工作数天的辛苦都白费了，如果我详细计算损失的金额，一定会很害怕，因为这笔钱很多。或者我可以安慰自己，因为金额不是太大，而且我有足够的时间寻找新订单，这也是一种自动化反应。此过程的发生速度不及本能机制快，需要一些时间，在这个时间里，人们必须让一些事物"沉没"。在此基础上，我们才会有很好的机会干预自己的情感体验并运用自己的思想。"认知评估可以促进你有意识地去思考，防止自己对所发生之事产生曲解。"

还有一个触发因素是回忆。当然，当我们想起悲伤的事情时，一种感觉会重新回来——如亲人死亡或其他创伤经历。有时，我们觉得有些人的行为使我们想起了某些事情，而这些事情我们认为是已经得到处理的——这非常清楚地表明，这个问题可能只是在沉睡并起着作用。但是我们可以有针对性地回顾过去，以不同的方式看待事物并对其产生新的看法。与亲密的朋友或治疗师进行交谈会很有用，当然，我们也可以回忆积极的事情：当交谈中的人们眼里都闪耀着光芒，当他们侃侃而谈并且声情并茂地讲述时，这种记忆就是最令人愉快的，且可以让人保持良好状态。

自身记忆或感受的对话反过来也会触发我们的感受。有时候什么都不做反而更有意义，不去"谈论它"，以免使其恶化。如果我们和朋友一次次地谈论自己和伴侣的矛盾，我们只会一直埋怨，矛盾不会消失反而会变得更大。如果我们总是抱怨老板，我们将无法用平和的眼光看待他，反而会随着时间的流逝，把他与愤怒的感觉联系起来，以至于看到他的名字就会生气。

特罗说，有些感受人们根本用不着去谈论，因为它们之后会变得更加清晰明了。什么时候不用语言表达感受是有意义的？什么时候开始压制呢？我们这样想，如果这些感受没有被聆听、被理解的话，它们就会变得更大、要求更高，最终变成抗议，在这种情况下，我认为把这种感觉表达出来更合适。情况好时，我们会感受到同理心——做一个明智的决定。那么到底谈论某件事会使事情变得更好还是不好？我们如何在这个问题上做出明智的决定？答案是：了解自己的需求。在这里，我们要学会权衡所有事物：需求对我而言真的重要到不可协商的地步吗？现在我是否可以放弃一些？因为感觉"只是"产生于这个时刻，过段时间后便会将其忽略。"让我们彼此越来越了解是因为'感觉是需求之子'。"来自汉堡 V.I.E.L. 培训公司的约恩·埃里希（Jörn Ehrlich）如此说道。

当然，体验他人的感受也会触发自己的感受。不适和舒服的感觉同样如此，重要的是，我们该如何和这些感受共处。一方面，这些感受产生于和他人的直接接触中；另一方面，我们也会对银幕、舞台和文学中的角色产生同情。

我们从主人公角度尽情享受一些感觉，这些感觉是我们自己不被允许的，但是可以跟着这个角色去体验。例如，有些人对美化暴力的节目着迷，他们能够在自己的空间里享受这种感觉，而不是真正地实施暴力。

还有一个触发因素是习得的事物：当狗走到孩子近处时，如果母亲总把孩子抱起来，孩子就会对狗产生恐惧心理。我们的出发点常常是好的，但做出的事不总是对孩子好的。

触发因素也可能是打破社会规则。我经常半开玩笑地对母亲说她应该当一个警察而不是音乐家，因为她有时会对违反道路交通规则和其他不公正的行为感到生气。鲜明的正义感可能会破坏自己内心的和谐，遵循社会规范固然非常重要，否则我们无法在社会中生活，但不要为违背社会规则的事生气，这样更有助于我们维持内心平和。

最后要提到的也是非常重要的：如果我们有意识地使用某些面部表情，这可能会触发感觉。在有意使用面部表情这一问题上，人们意见不一，许多人抱怨说这不是真实的。是的，没错，真正的微笑来自内心，实际上它跟有意识的微笑是不同的。真实的微笑是眼睛里带笑，除非是一个优秀的演员，否则人们不会刻意去做这些。而且我坚信，不仅我们的情感会影响行为，反过来，我们的行为也会影响感觉。我始终认为：如果人们常常表现友善，自己也会发生改变。理查德·怀斯曼（Richard Wiseman）在《发现你的行动力》一书中对这些关系有详细的描述。

怎么对待这些被触发的感觉？

我们该如何对待这些被触发的感觉呢？了解这些感觉，然后降低它们的强度。因为从根本上，我们不想脱离这些感觉去生活，但也不是遏制所有感觉，以避免负面的经历引发感受。如果我们能够知道触发因素，并能更好地将被触发的感觉进行分类，那么对于我们自己和其他人而言，后者将更容易处理。为这个目标而努力不仅对我们自己有好处，对他人也有益处。

按照特罗的观点来说，这非常简单。他找到了公式来告诉人们该如何对待我们的感觉：

1. 当一件事让人产生一种感觉时，我们可以思考：这种感觉是否是必要的？如果不是，那就放弃它。（你可以想象我当时无助的面容，应该怎么办？摆脱它！）

2. 如果感觉是必要的，我们就要利用自己的经验来对待它。我们可以做比较：之前是如何处理的呢？那现在怎么样？

当我承认自己的某个感觉不是必要的时，我常常会心一笑。到底什么是必要的呢？

特罗说："最终的目标是要快乐。"如果我允许感觉对自己的思想产生负面影响，那我将使自己远离幸福。

到目前为止听起来很合逻辑，不是吗？这就是为什么我们应该反对这种感觉。在实际中又是什么情况呢？特罗表达了对慈心的态度：当我对自己友好时，就不会被自己的负面情绪压倒。我只是选择不去感受那些情绪。尝试一下，有时它很有效！

网络刺激

当发觉自己受到这些刺激时，很多人会引发短暂的情绪。一切都变得越来越快，越来越肤浅，人们不能也不想深入这个世界的苦难。

当我在脸书上发帖时，我越来越意识到，在我发表一些日常内容时，如私人帖子：我女儿或我的狗狗的照片、浪漫的照片等，人们会更多地参与到这些内容中。相反，如果我发布有关环境保护或动物保护的内容，最多只能得到两三个赞。我很疑惑，这到底是什么原因？人们难道没有勇气面对这些不愉快的感受吗？这些感觉是否因为与威胁、痛苦和死亡有关，所以太深刻、太重要了？这就是我们不能对这些事情敞开心扉的原因吗？这是否其实就是我们生活中遇到的不愉快的事，且我们必须对它做出改变？还是因为刺激太多了，以至于我们变得麻木，产生一种"反正无用"的态度？虚拟世界带来了一种紧张情绪：事实的信息很少，更多是关于日常的信息。每天都需要决定，哪些感觉要被放弃，哪些要被允许产生。

· 感觉很大程度上决定着我们的生活。

· 触发因素既有普遍的也有特殊的。

· 感觉让生活变得多姿多彩，富有价值。

- 感觉是转瞬即逝的。

- 感觉不总是需要表达出来。

- 如果我们和这些感觉融为一体，那么我们就被它们所控制了。

- 我们可以远离不必要的负面感受。

- 感受就如同一个我们可以请进来，也可以送出去的客人。

- 使我们感到幸福的感觉很有益处。

- 当处在不应期时，感觉会使我们陷入短期或中期的愚蠢中。

- 同理心意味着认真对待自己和他人的感受。

• 想想你的感受

同理心意味着深入、同情和理解他人的感受和思想。在我们充满同理心地对待他人之前，我们首先需要在自己的想法和感受中建立一个提示牌，这个提示牌是我们内心世界的产物。如果我们了解自己，好好对待自己，就能更好地感知他人。我们对自身冲动（的复杂性）了解得越透彻，就越能宽容、平和地认识到，他人就如同我们自己一样复杂。

环境留下了印记

　　在日常生活中我们的内心处于不断显露的状态。我们处理事件时，感觉行踪不定，状态和情绪也不断变化。最好是有意识地对待这些变化，这种有意识的做法是一件好事。

　　例如，我和一个好朋友沿着汉堡的阿尔斯特湖散步。我看到一个慢跑者，他让我想起青年时代的挚爱，那是一段美好的记忆，也是一种温暖而亲密的感觉。首先，我微笑着放松了一下，这一天又多了一个友善的面孔。然而之后我想起这个曾让我心碎的结局，我立刻把自己从这种状态里带了出来。

　　和我一起散步的朋友没有注意到这个慢跑者，因为他看起来不像她的旧爱。她完全不能理解，为什么我一会儿像打了鸡血似的兴奋不已，一会儿又突然像霜打的茄子一样愁眉不展。我的情绪会随着冲动而改变，随后，身体也会做出反应，如果我不向她解释发生了什么，她就只能猜测。

充满同理心地去倾听内心的声音

　　为了更好地理解这些过程，我们可以用表达自身感受时听到的内心的声音来诠释这些过程。我受到一个沟通心理学模型的启发，这个模型与弗里德曼·舒尔茨·冯·图恩（Friedemann Schulz von Thun）所说的"内心团队"有关。借助此模型，再加上身体的延展（姿势、呼吸、声音），我们可以更好地理解自我，并为对他人产生同理心奠定基础。

尤其是在紧急情况下，我们可以听到内心声音向我们发送不同的信息。这些声音可能是先接收了环境刺激，然后把这些刺激翻译给我们。图恩在汉堡的一场演讲中对于内心的不明朗这样说道："如果我们不认真聆听自己，这种杂音就会变得'杂乱无章'，如果头脑中有这种杂音，则会对人们清醒地思考和采取行动造成影响。用抽象化思维来说，我们身上有独特的亚人格，这些亚人格和我们交流并发送信息，虽然有时候只会使事情变得一团糟。"

让我们回到阿尔斯特湖散步一事。我身上的浪漫主义人格看到这个慢跑者，想起了我青年时代的美好时光，因此我雀跃着沿湖散步。天气很好，我激动地和朋友聊天，步伐轻快，感觉自己的精神得到了振奋和鼓舞。当看到慢跑者这一视觉刺激与自己心痛的不应期相遇时，我变得伤心并意识到这个人再也不会出现在我生命中了。于是我的脸上浮现出悲伤，整个身体缺乏激情，呼吸变缓，声音变得平淡。我感到很伤心，刚开始甚至可能不知道是为什么。这是我曾经历过的相当久远的环境刺激，或许我还是会沉浸在感受当中，随后内心的理性人格掌握主导权，并说："现在不要去想了！"

　　这里会涉及这个情况：整个内心团队里最强的声音会获胜。最棒的情况是，有些时刻，我们拥有清晰的观点并能够说：就是这样。我们就可以轻易做决定，这样内心团队才会坚定地站在一起。特别是在遇到一些需要客观回答的专业问题上，我们在认知上掌握的东西，可以对它进行复述和表达，人们可以清晰地说出自己所知事物的名称。毫无疑问，我们都是某个领域的专家。内心的权威人格能够掌控所有声音。

　　但是当涉及主观评价或特别棘手的情况时，在这种情况中我们受到很大的影响且必须做重要的决定，当事关我们的经验和直觉时，那事情将会变得更加困难，因为很多不同的冲动会介入。内心的各种人格争吵不断，内心的声音在大声讨论着。

　　例如，假设你作为部门主管在一次大型会议上讨论这次的大项目应该给哪一位供应商。此次事关高额数目，如果你做出错误决定，就会犯大错。你不会快速做出决定，而是权衡利弊，做出比较，认真思考，并和同事交流，了解情况。直到最后必须做决定时，内心的怀疑人格会让你在做决定时考虑片刻，内心的经验人格将会使你更有勇气。

　　人们都见过这个场景：今天听一人所言，明天又听另一个人的，迟迟不能做决定，因为不知道该听谁的。一些人根据数据和事实来做决定，而另一些人做决定只是凭直觉。著名的"天使与魔鬼"现象可以帮助人们理解这些事物。他们两人分坐在两侧肩膀上，对我们耳语他们对事物的看法。在讨论内心组成时，内心的批评人格是众所周知的，因为它抱怨我们所做的一切。我们很难使它认可自己，它与内心的舞台越近，我们就越犹豫，无法继续前进。内心的批评人格损害我们的自尊心，且永远不会满足。内心的人格还有其他形象，例如治疗中提到的内心的童真人格和培训中的贪图安逸人格，都可以说明一些内心活动，而这些活动是人类所共有的。通过这种方式，我们可以更好地了解自己和他人身上正在发生的事情。

顺便说一句，在一次培训中我曾了解到自己贪图安逸的一面。这是一个非常愉快的实验，因为看起来真的很有趣并且比我之前所想的更易于控制，也许你也会喜欢它。

内心的声音是病态的吗？

假如你这样想："但我不是精神分裂症患者！"那么我可以安慰你让你放心。图恩认为，人类的内心是一个复数概念，但并非总是统一的。他在汉堡大学系列讲座中解释说，这正是心理健康的表现。

因此，这并不意味着我们是因为"听到声音"，大脑才变得一团糟（即使有时会有这种感觉）。而是看似矛盾的内心冲动令我们徘徊，使我们在外表上显得模棱两可。矛盾感是我们的一个典型特质，我对这一点有透彻的了解。举个例子，如果我今天认为自己要扩大推广，那么也许明天我就会觉得这一切对自己来说太没必要了，不做推广会更好。从外部角度来看，有时这种矛盾感很难解决，我们希望彼此都可以明确表达自己的感受。矛盾感越强，我们对自己或他人的感知就会更加善变和不确定，而事实也确实如此。学会管理自己内心的声音并找出让我们犹豫的原因，这很有用。有时，需要鼓起勇气全心选择某种声音，并承担做出错误决定的风险。

· 内心的声音是很平常的，也是属于我们的。

· 这些声音常常是矛盾的，很难将它们分类。

· 它们代表了我们不同的亚人格。

· 认识它们并在内心有意地改变视角，可以增强我们对自己和他人的同理心。

▪ 身体知道什么？

在人们的内心团队中发生的任何事，包括感受和冲动，都会在身体上直接反映出来。身体会以闪电般的速度翻译我们感受到的事物，通过心跳的快慢、呼吸的快慢和深浅、出汗的多少、身体的收缩和伸展、运动的快慢、说话声的大小，以及面部表情和制造噪声等行为来展示它们。我们人类（有趣的是，有的动物也会）会解读肢体语言和表情，分析话的弦外之音。

我们的身体到底翻译了什么，它又是如何做到的？首先我们人类都拥有解读自己感受的能力。我相信它们确实存在于我们的大脑当中。如果某人常年遭受某种拒绝并将其积攒在身体里，那么他会处于回缩状态：身体肌肉紧张，并往回缩。因为他想要回避过去遭受的拒绝，这时就产生了紧张感。

很多学者都在研究，如何解释人们身体展现出的内容。例如，展现在脸上的内容。事实证明，某些情绪表达方式已经在全世界所有文化中被人们始终如一地使用。保罗·埃克曼对表情进行了世界范围的研究。奇妙的是，人们是如何训练自己来解读面部的这些细微表情的呢？我的首次经验是在同事芭芭拉·库斯特（Barbara Kuster）在汉堡的演讲中获得的。她在德国辅导培训协会的大会上介绍自己的微表情论文。在短时间内，参与者可以使用一些通用标准，在几毫秒内识别出所显示照片上人物的面部表情。

　　当我注意到别人脸上出现表示厌恶、蔑视甚至是惊讶的微表情时，我常常会想到这个演讲。面部一直都是会说话的，从很小的时候开始，我们就或多或少地被训练去解读别人脸上的表情。如果人们的表情和内心不一致，则从他们的表情中读不出太多东西，解读他们的表情就变得很困难。我们称这种表情为"扑克脸"。这给特别有同理心的人带来了一些压力，因为他们通过解读这类人面部表情并未获得必要的信息。这样可能导致他们内心产生不确定性和困惑感，无论如何去尝试都不会和这类人产生共鸣，于是就只有通过肢体语言和口头交流来"解读"他人了。

镜像神经元的作用

　　镜像神经元是一个令人激动的理论，尽管它仍处于争议中。帕尔马大学的生物学家贾科莫·里佐拉蒂（Giacomo Rizzolatti）和医学博士维托里奥·加勒塞（Vittorio Gallese）证实，猴子在意识到人的行为之后，大脑中特定细胞会变得活跃。他们将这些细胞称为镜像神经元，负责理解动作。在人与人之间的互动中，我们似乎无意间"镜像模仿"了他人的动作。

如果我们彼此之间有良好的联系，就可以很好地观察到这一点。你观察到当对方用手穿过他的头发，挠鼻子，交叉双腿，你可能也会这样做。如果我们留意观察这些，就会发现这是相当神奇的。在一次展会上，我站在同事的展位前，忽然间我们发现，我们彼此完全模仿了对方：两条腿交叉，一只手臂靠在位子上，另一只放在臀部。现在我们都是经验丰富的导师，谈话时都笑起来，因为我们发现彼此又恰好都在互相模仿。

下意识地模仿

如果我们有意识地观察一个人的姿势，那我们可以大致猜测出他的状况。在培训中培训师会有针对性地使用这种方法，以了解受训者的生理和心理状态。当我作为培训师工作时，会通过模仿以一种微妙的方式说：我没有对你做什么，我们是一样的。通过这种方式可以使受训者感到安全，从而完全地打开自己。

身体、感受和思想这三者密不可分。身体对我们的感受进行翻译，反过来也同样起作用。身体同样也会影响感受，取决于我们身体的表达方式。我的朋友兼同事简·博尔梅斯特（Jane Bormeister）的论文研究主题是：针对性的肢体语言训练对心率变异性和压力皮质醇激素的影响。我们的肢体语言似乎会影响我们的感觉，而心理压力，例如怯场也会阻碍肢体语言的表达。

> · 身体直接而坦率地翻译了我们的感受。
> · 很少表达情绪的人会使我们不安。
> · 我们可以练习解读他人的感受。
> · 我们也可以了解自己的身体反应。
> · 我对自己的反应越了解，就越可以更好地控制自己的身体。
> · 身体和灵魂在不断地互相交流——这种交流不是一条单行道：身体会影响感觉，反之亦然。

· 同理心的风险和副作用

如前面提到的，同理心也有其阴暗面。很多学者都证明，并一再强调，同理心过剩并不健康。同理心过剩者无法充当领导者，无法实现自己和公司的目标，甚至完全阻碍了他们的发展。同理心也可能会被利用：如果人们知道他人所想，就可能会操纵他人以实现自己的目的。

所有这些想法背后都有一种深刻的感觉：恐惧。当然，这些都可能发生，有些人想以一种非常具体的方式操纵他人。在这种情况下，我想到了一个问题：它还是我们想要的同理心吗？

当人们在负面动机的驱使下去感知他人时，这就再也不是同理心了。

在非暴力沟通训练师尤根·恩格尔看来，我们对同理心的恐惧其实是一种误解。在我们的谈话中他对这种观点表示惊讶："我想知道，为什么有些人敢于发表一些他们并不真正理解的结论。人们常常对同理心有误解。我认为善解人意没有任何危险，相反，如果它被误解了，那么我们谈的就是完全不同的东西。当然，为了交易我可以尝试找到人们的需求，甚至有人会利用这个方法行骗，但是在我看来，这并不是同理心。而且，虽然我理解人们的需求，但是用这些知识来对待他人，内心的态度在这里至关重要，这些概念必须要明确。"

充满尊重的内心态度是同理心的重要组成部分。我们感知他人，更好地了解他人及他们的需求，拉近彼此关系，加深彼此的联系。还有一个与同理心相关的感受是对自己的感觉，也就是自尊心。

同理心和自尊心

当我们对他人怀有同情时，同理心的表达形式可能会大不相同，这取决于我们对自己的感知和尊重程度。正如人们彼此不同，表达同理心的形式也各不相同。接下来我会为大家介绍一些主要形式。

怀有强烈同理心和自尊心者：如果自尊心和同理心同样强大，那么可能会发生一些奇妙的事情。只要不与自己的愿望和观念相违背，这类人就会同情他人并满足他人的需求。但是，如果发生违背情况，那么不满足他人的需求也是合理且可取的。原因很简单，因为这不符合这类人的想法，也会伤害他们自己。

在这种情况下，抱有强烈的同理心者对自己很有同理心，将会像尊重他人的需求一样来尊重自己的需求，并友好地表示拒绝。只要不超出自己的底线，他们就会毫不犹豫地去亲近他人，这听起来很容易，但实际情况并非如此。尤其是在亲密关系中，我们常常发现很难保持这种平衡，我们因害怕疏远或伤害他人而不愿拒绝。因此，同时考虑这两个方面并扪心自问是非常重要的：我是否像尊重别人的需求一样尊重自己的需求？如果这个问题可以在良心安定的情况下得到肯定回答，那么这段关系就可能是良好的。

自我封闭者：这种类型的人拥有高自尊心、低同理心，处于同理心缺失的状态。这类人不想介入他人的感受，不想展示自己的弱点，也不想和别人过分亲近或做出让步。这种类型的人拒人于千里之外，一心追求"自己的事"，让想接近他们的人望而却步。这可能是一种习得的反射，因为实际上他们若是对别人的感受进行过多的理解，就会有迷失在亲密关系中的危险。因此，作为一种保护性反应，这类人防患于未然，不会介入别人的需求，并把自己封闭起来。表面上，他们是在保护自己，但时间一长，他们就阻止了自己与他人的真实接触。

怀有过度的同理心者：这种类型的人拥有低自尊心、高同理心，他们身上会发生与前面截然相反的情况。这种类型的人总是把眼光放在自己生活中求而不得的事物上。当他们长期为了他人而冷落和忽视了对自己很重要的东西，他们会变得依赖他人，还会对他人产生不满情绪（毕竟他们为别人付出了很多），在别人眼中就会失去人格魅力。他们会陷入痛苦，因为他们的脑海里已经设想了对方的各种反应和感受，从而遇事犹豫不决，无法做出选择。

善解人意的人讨厌自私自利的感觉，他们像风中的旗帜，总是在为别人服务。他们很难走自己的路，因为他们倾向于被其他事物所引导而不是遵循自己的感觉和愿望。这样做是让别人不舒服的，因为总会让别人感觉自己有"坏心眼"，并使自己产生内疚和犹豫不决的感觉。在很多事情上，他们宁愿放弃自己的目标，也不愿自信地走自己的路。如果他们真的做出了有利于自己的行为，就会觉得自己太"无所顾忌"，太只顾自己。

无助者：这种类型的人拥有低自尊心和低同理心，他们既不能感知自己的需求，也不能感知他人的所需所想。相反，他人的感受会让他们惊慌失措，所以他们宁愿不去思考这些感受。

在同理心之上笼罩着强迫和恐惧，让他们根本无法感受到一些事物。如果人们很早就知道自己的想法毫无用处，如果人们一直被"正确"和"错误"的观念约束，如果父母一直强调孩子的行为是错的，那么这些人可能会对自己的感觉失去信心。他们很少感知到一般人的感受，必须去学习（可以通过治疗辅助）如何感知自己和他人。他们应该明白，自己想要怎样的生活以及怎样去感知自己。同时他们也可以根据自身经验来想象他人现在的境况如何，这种能力是通过在学习过程中不断设想得来的。

同理心和自尊心之间的平衡

我认为，确保同理心与自尊心和平共处是非常重要的。这样就可以让自己和他人处在一种平衡的状态：我们给予和接受，我们有同理心地看待自己和他人。当自尊心和同理心同样强大时就不会失衡，我们的状态可以维持在良好的范围内。

一旦达到此状态，同理心会产生下列影响：

—— 好心情

—— 成功的沟通

—— 快乐

—— 感恩

—— 良好的联系

—— 内在和外在的平和

如果你可以以这些状态去生活，那么就可以轻松地享受彼此形成的同理心氛围。

·如果我们的目的是与他人产生联系，那么同理心就没有黑暗面。

·同理心需要良好的自尊心作为伙伴。

·自己的需求和他人的需求一样重要，每个人都要为自己的需求负起责任。

·如果我要表现得富有同理心，那么同时我也要关心自己。

第二章

被阻碍的屏障：

十种阻碍同理心的枷锁

　　我们需要接受，同理心是人的固有品质，我们不能对人性的品质避而不谈。令人欣慰的是，我们越来越能够意识到，在如今这个时代经常发掘同理心、让自己被感知、清楚了解自己周边的情况是多么重要。因为我们常常会有这种想法，好像感知他人情绪并做出相应的行为是很麻烦的。

　　埃森银行里的四位顾客，漠然地在一位虚弱的八十二岁退休老人面前路过，他们没有帮助他而是平静地取钱然后离开，直到第五个人过来向救助机构打了报警电话。人们是怎么做到对生命置若罔闻，却给自己买一件带真皮毛领的新夹克的？人们怎么能忍受电视里的年轻人在众目睽睽之下被公开羞辱，而且把所有一切都当作是理所当然的，甚至会哈哈大笑？

　　同理心在何处？到底是什么在阻碍我们，让我们的内心变得不再柔软和易受触动？我们想象一下，发生在很多人身上的事情，除了愉快之事，还能有什么？还是说，因为我们总体来说感觉太少，所以我们需要这样的情景来确保自己是幸福的？

　　同理心有时会被掩埋在自我中心主义和恐惧的面纱下。不管是什么原因，事实是，我们应该慢慢地觉醒，让同理心和同情心在需要的地方占据主导地位——在人与人之间的日常互动中，在与众生的长期交往中……在这里我们应当习惯积极扩展自己对世界的视野，超越自己的极限，去了解他人的内心世界。当我们做到这些时，就不会"失去"任何东西。这并不意味着，我们放弃自己，捐出自己所有的钱，或者接受难民住在自己的房子里（不过这可能会发生）。"我们总是在帮助彼此。"当我和朋友的母亲聊天时，她总是这样说。这位老太太说得真对啊！

　　特罗也这样认为："人们总是在帮助他人。这是作为人的一项主要责任——关心和帮助彼此，这也是基本价值观和基本道德。你是一个人，可以帮助自己和社会。同时，可以成为别人的好榜样，因为我们身后还有很多人，你的所思所为会影响我们的社会和子孙后代。我们常说，这是你作为一个人的责任。无人提醒你，也无人会告诉你，它就在那里，我们必须互相帮助。"

　　当我们陪伴在彼此的身边时，能感到快乐和充实吗？如果我们有意识地把目光从自我身上再一次转移到他人身上，是否能给我们的生活带来新的魅力？

　　杰里米·里夫金（Jeremy Rifkin）在他的著作《同理心文明》

中写道：经济稳定的人会产生更多的同理心。这句话乍一看似乎很有道理：一个人越不需要担心生存问题，就越有能力为他人着想。另外他还写道：如果一个人的生存得不到保障，文化多样性就会被视为威胁。

我们进一步思考一下，这意味着什么？同理心是奢侈品吗？是否当我们拥有足够的东西时，我们才能变得富有同理心、宽容和开放？在我看来，情况恰恰相反，人们处境越好，过得越富足，他们对别人的关心或理解他人处境的程度就越低。腻烦可以被看作是同理心的阻碍吗？特罗认为是这样的："人越是推崇实利主义，就越容易失去人的品质。"我认为确实如此。

财务上的安全可能会诱使人们蜷缩在自己的安全地带，但这绝不是我们目前明显缺乏同理心的唯一原因。如果不是个人财务安全，那么阻止我们散发同理心的困难又是什么呢？我认为困难存在于我们的灵魂之中。困难越大、恐惧越大、越以自我为中心，认为必须不断地划定界限保护自己，在这种思想的影响下我们就会越少帮助他人、设身处地为他人着想。每个人都只关心自己，社区的关联性越来越小。每个人都跟自己待在一起，孤独着，将生活转移到虚拟世界中，失去了真实的联系，并变得越来越忧伤。此外，发生的事件离我们越远，我们就越对它漠不关心。令人惊讶的是，这些事件会从"遥远"的地方来到"临近"之处，甚至有时这些事情会发生在我们家门口。

在本章中，我想与大家共同探索阻碍我们在日常生活中变得富有同理心的原因。我将会列出一些让人们表现得近乎毫无同理心的心理疾病。但是，它们真的只是封闭人们视线和心灵的疾病吗？精神病患者和自私自利者，他们应该为同理心匮乏负责吗，还是每个人都应该负责？

那么，是什么让我们自觉或不自觉地因为安慰或恐惧、被动或无知，对世界的同理心视野越来越有局限性呢？

当我与特罗谈论同理心匮乏现象时，他对我说："人们思考得太久了。当我们感知他人时，同理心就产生了，这就是我们生而为人所具备的。我们可以感受到痛苦和喜悦，但是，当我们处于可以提供帮助的情况时，就说明我们思考的时间太长了。我们不再足够了解自己以及自己的能力，而是考虑'我可以这样做吗？这样是对的吗？我应该做点什么吗？还是你有其他想法？我能承担吗？'"

这些问题在我们脑海中徘徊，让我们纠结其中。那些我们本可以根据经验、能力和价值观采取富有同理心举动的时刻往往很快就过去了，回想起来，我们还会为自己没有说些什么、采取什么行动和做出什么决定而生气。

"如果人们不是在了解自己的前提之下，利用这些想法来做出明智的决定，而是让这些想法独自存在，那么就是在浪费时间。"特罗接着补充道并对我微笑。我忽然意识到这一点，并开始思考，我的想法是否总是在无谓地绕圈子，并创建了虚构的场景。我得出一个结论：我们越了解自己，就越能表现出同理心。

在下列内容中，你可以找到所有同理心枷锁背后的解决方案：在"同理心冲动"部分，会给你一些启示，告诉你如何通过小练习来对抗阻碍。

• 日常头脑电影

电影院里，会放映很多美好的、高质量的、配有字幕的原版影片，我们可以在那里欣赏到寓意深刻的、场面激烈的电影，有时也可以欣赏到喜剧片或恐怖片。扶手椅是松软的，上面铺着红色的天鹅绒，当把椅座放下来的时候，会听到吱吱的响声，但视觉的享受会让你忽略这微小的噪声。当影片序幕开始时，我们就会感到兴奋，因为我们喜欢娱乐。

走进去！

设想你走进自己的私人影院，这里就像影院大厅一样，而这是你的日常停留之处。我们仅仅在享受这部电影吗？不，我们每天都在头脑中制作自己的电影——头脑电影。在这场电影中我们只能独行，别人无法带领我们。没有人能够真正想象到我们所看到的东西，无法体会到各个电影在我们身上产生了什么感觉，也不知道我们如何出去，是否有一个紧急出口。当事情变得太过可怕时，我们可以通过这个紧急出口逃离。因为这些电影往往就是这样可怕，甚至是无理性、无意义和多余的。经常让我们沉迷其中的电影往往给人痛苦和不安的感觉，它们会分散我们对事情本身的注意力，然后我们会想："我刚才想什么想了这么久？"

灾难片

头脑电影也可以很刺激，这一点毋庸置疑。我们创造了许多非常好的电影，但事实上，我们往往在负面的电影中停留的时间比较长，总是盯着臆想中会发生的事。如果总是如此，我们的视野就会被限制，更别提产生同理心了。举个例子：在去斯里兰卡之前，我沉浸在头脑电影中长达几周，一起的还有我的家人。有趣的是，有人会进去并尝试和我一起看这些镜头，也有人会在电影院前厅放松地待着，因为他一点都不想一起进去。顺便说一下，这两种反应都可能会被认为是同理心的反应，但它们不一定是。

　　我的头脑电影是什么样的？常年作为单身母亲的我首先担心的就是我十五岁的女儿。她是否过得好，是否和他父亲相处融洽，是否吃得饱，是否找得到去学校的路，是否安全？紧接着第二个担心就来了：我的狗能不能适应我这么长时间不在身边？你可能会感到惊讶，但即使是对动物，我也会产生头脑电影：如果我不在身边，我的狗会不会吃东西，感觉怎么样，会不会跑掉，会不会被咬伤，会不会无所适从？当然，这一切都是建立在极大的自负基础上的，为什么只要我不在，一切都要陷入混乱之中？头脑电影更进一步上演：飞机会不会失事，我在机场会不会迷路，转机能不能成功，我能不能适应新的文化环境，能不能忍受这里的食物？如你所见，头脑电影可以发展到不可思议的地步，至少当有人说出这部电影时，其结果很明显，大家都快被逼疯了。事实是，在认知上一切都很明了，一切都会好起来，没有谁会饿死，我作为一个成年女性在异国他乡完全没有问题，至于飞机坠毁，可能会发生，但可能性极低。

　　哪种电影会在我的头脑中反复上演？正是灾难片，这是我们大脑电影的第一种形式。在这种电影类型中，我把注意力和所有的想法都放在了未来，讨论还没有发生的事情，这和常识没有什么关系。如果我一直幻想着会出什么问题，就不再处于当下这个时刻了。然而知道是一回事，克服却是另一回事。

黑白电影

　　我有个朋友是资深末世论者。这种形式的头脑电影比灾难片更加严重，因为它不再仅仅是出现在银幕上的担忧，而是更进一步，让观念变成了事实：在去音乐会的路上，她总是说我们肯定会迟到、汉堡肯定是人山人海的、在交通高峰期我们肯定无法准时参加音乐会、我们在路上会发生意外、我们肯定找不到车位、在入口处的队伍肯定永远排得很长、等我们抵达时开场乐队肯定都准备好了……最后我们自然是准时抵达，找到一个好位置停车，可以轻松入场，观看了一场超棒的音乐会，连开场乐队也没错过。在这一点上，我们再一次明白，当这些电影情节把我们从现实中抽离出来，进入一个黑漆漆的虚拟未来愿景时，对我们造成的负面影响有多大。最坏的情况是，到最后人们存在感太弱，以至于让自己造成了事故，也迷失了方向。

动物电影

　　另一种沉湎于自己想法的类型被称为动物电影。这和反刍行为有点类似：人在事后不断重演他所经历过的情境，直到自己被完全毁了，或是完全改变。同事的一句无伤大雅的话，可能会变成大肆攻击，或者老板一个转瞬即逝的眼神，就会变成永无止境的怀疑。反刍者慢慢消化，把事情翻来覆去和自己对立起来，事后还是沉浸在那个场景的想法当中，以至于几乎没有人有机会把事情解释清楚，因为电影采取了如此让人深信不疑的形式，没有人可以颠覆剧本、提出反对意见。怨恨中的反刍是很难处理的，它变成了自我较量，变成了获胜较量。不过，还是值得等待一下，等到电影结束以后，因为那时（只要稍加讨论和耐心）能达成共识。

动作片与心理惊悚片的结合

对别人发表不公正和草率的结论，我称之为动作片，其中夹杂着一些心理惊悚片。暴力是第一位的，这里产生的思想也是暴力的。保罗·瓦兹拉威克（Paul Watzlawick）在他的著作《不幸福人生指南》一书中，写过一个有关锤子的故事给人留下了深刻印象：

一位男士需要一个锤子，因为自己没有，所以决定向邻居借一个。然而他又陷入怀疑："如果邻居不愿意把锤子借给我怎么办？昨天他只是匆匆跟我打了个招呼。也许他当时很着急，也可能是他不想和我说话，所以才装作很着急。他一定是对我有意见，但我并没有对他做什么。他在为自己有锤子而沾沾自喜，如果有人想向我借工具，我现在就给他，为什么他不呢？人们怎么能拒绝这么简单的请求？像这家伙这样的人简直在毒害生活。就因为他有一个锤子，他就认为我依赖他了，我已经受够了！"就这样，他冲了过去，按响门铃。邻居开了门，还没来得及说"你好"，这位男士就对他喊道："你自己把锤子留着吧！"

　　这个故事清楚地表明，我们是怎样在愤怒中思考，甚至会对另一个人发起攻击的，而那个人根本不知道这是怎么回事。我们把一个负面的想法压在对方身上，我们能想到的所有关于这个人的一切都会被负面地解读，再加上一点不好的运气，我们就会上演一个对方做梦都不会想到的场景。相当程度的不信任和负面的自我形象是创作这样的影片所必需的，因为只有当我们不信任别人，认为他们对我们不利时，我们才能制作这样的电影。然而，如果我们有意识地以一种中立或乐观的方式去接近他人，明知自己可能无法了解他们的行为动机，那么这样的电影也就不会产生。这种电影带来的负面影响让人感到恐惧，在这种情况之下，同理心，尤其是积极地想象对方的驱动力和对方需求的能力，根本就无法产生。

　　所有这些电影类型（我知道还有很多类型的电影）把视野束缚得很窄，以至于只有自己才能控制想法。失败了，其他人就一定对我们抱有糟糕的想法；合作伙伴来得太晚了，因为他不愿意见我们；女朋友肯定是故意和别人一起去看这部女性电影；同事因为上周没能给他开门，表现得很沉默；同事们都很紧张，因为我们在会议上说错了什么……所有这些消极的想法最终只围绕一个主题：我们自己。头脑电影导致了痛苦，而我们自愿创造痛苦，是因为我们把自己看得太重了。认为今天堵车的肯定就只有我们，认为大家都在反对我们，然后一切都结束了。

　　你知道这些想法有多幼稚吗？要么我们认为自己是万能的，一切都会因为没有我们而崩溃；要么我们就是人人都想伤害的永恒的受害者。这不可能是真的，但是对于这样的想法，我们又能做些什么呢？

　　在考虑（积极的）解决方案之前，我们先来看看有没有好的头脑电影。对于这类电影我会说："好！我非常喜欢它！"

白日梦电影

　　当我十二岁的时候，每当我去了某个自己觉得无聊的地方，

我的白日梦就会出现：我和我的偶像——挪威流行乐队 a-ha
的主唱莫滕·哈克特（Morten Harket）相遇。听过我演讲的
人都知道，他的声音对我今天的工作有很大影响。此外，在
2006 年的一次采访中，他极大地启发了我对纯粹技术界限的
思考，并将声音与信仰联系起来。随着年龄的增长，他丰富的
专业知识面更加吸引我。但是我十二岁时，吸引我的除了他美
妙的声音外，绝对是他的外表。我恋爱了！我那时坚信着：我
会嫁给那个男人。我在白日梦中反复实现了这个想法。就像
在好莱坞电影中一样，他碰巧在某个地方遇见我，我可能救他
出困境，和他促膝长谈，然后我们的视线相遇……小提琴声响
起，故事迎来一个幸福的结局，他的脸向我靠近。然而现实中，
母亲正在房间里等着我，作业正等着我。所以，白日梦可能突
然就这样结束了！

　　让我们带着傻笑从梦境回到现实，这时我总是保持着一种
快乐的、友好的状态。白日梦就是这样，它帮我们把好莱坞的
气息带入沉闷的日常生活中，而且，它不一定就是你梦寐以求
的莫滕·哈克特，也可以是与你所爱的人的美好经历。精彩的
谈话或音乐会，美好的假期，对过去爱情的回忆（但一定是很
美好的），对美味佳肴的渴望，对即将到来的假期的期待……
所有这些东西都适合用来做白日梦。

　　如果灾难片会让我们身处糟糕的状态中，那么相反，我们

也应该能够通过好的电影改善自己的状态。白日梦电影，要么指向未来，要么指向过去，要么指向现在。事实是，它给我们带来欢笑，温暖人心，也可能让我们感觉到轻盈和宁静。白日梦不是永恒存在的，它就像头脑中的电影一样，只是在这一刻是真实存在的。

因此，头脑电影对我们状态的影响是一把双刃剑。如果我们警觉一点，就可以确定这些想法是让我们快乐还是悲伤。如果你问我的话，我会回答积极的影响更好。归根结底，决定性的因素是回归现实。如果没有现实，我们则无法设计、策划、展现和重复任何影片，因为现实中我们反复思考的东西会在大脑中留下痕迹。思考的次数越多，大脑中的这条路就会越疲惫不堪，我们就越是相信这部电影。从前的恋人会变成敌人，闷闷不乐的老板会变成怪物，以前的挚友会变成野兽。最糟糕的是，我们竟相信那些废话。然而，这种精神上的垃圾是自己制造的，这也给我们带来了痛苦。有研究表明，人每天会产生六万个念头！惊人的是，不知有多少人正在被这些念头所困扰，可惜没有有效的研究可以证明。

在这些念头里，其中：

3% 是对我们和他人有益的，具有建设性和帮助性的念头；

25% 是对我们和他人造成伤害的破坏性念头；

72%是对我们自己有影响，转瞬即逝、微不足道的念头。

如果这些数据准确，那么我们一天要花费 25% 的时间去处理负面的头脑电影，只有 3% 的念头使我们快乐！多么失衡，多么具有戏剧性啊！

我并不十分相信这些数字，尤其是在没有有效来源的情况下。但是，即使这些数字只是大致正确，现在也是时候对思想和由此产生的头脑电影进行监督并采取行动了！

逃离头脑电影的路线

那么，我们能做什么呢？是不是要任由头脑电影摆布，反复地看这些具有破坏性的电影？我认为不是，我们拥有的思想力量远比我们想象的要强大得多。这需要一些练习，还有最重要的是自律。

1. 确定自己在什么电影中。这电影是有关现在，还是未来？它是否包含了恐惧和焦虑？如果是的话，它是什么？做一个小的盘点，并确认这是一个头脑电影。因为大多数人都没有意识到自己正沉迷在精神上的电影中。

2. 观察空间。出现头脑电影的时候，你在哪里？你离发生的事件有多近？是否头脑电影触动了你，却没有让你惊慌失措？如果可以忍受，就歇一会儿。如果情况太糟，你可以直接离开。你能否感受到身体的反应，如心跳加快，大汗淋漓，气喘吁吁？如果有，那么是时候拉上帷幕了！想象的帷幕可以帮助我们走出折磨人的困境，找到新的思维方式。如果你还想坚持到底的话，可以尝试着与正在发生的事情拉开一点距离，从那里开始，你可以尝试着保持中立的态度去观察并做决定。

要思考：我还想继续关注它吗？它呈现的东西是真实的吗？如果是的，这部电影的益处是什么？在这部电影中，是否能看到一些对日常生活有帮助的东西？

3. 有意识地用正面的头脑电影来反击负面的头脑电影。当你准备和老板谈话时，与其不停地思考如何才能让老板明白你想申请加薪并陈述都完成了哪些项目，而同事干了半年却赚得比你多，还不如想想自己的成功之处，为自己所取得的成就感到高兴，用去年成功的结果来强化自己。如果你充满自豪地这样做了，不需要解释和证明就可以达到一个好的状态，也就是说，你可以带着自身经验参与谈话。

4. 如果头脑电影没有结束，就把它表达出来或写在纸上。例如："我害怕我的伴侣遇到他的旧情人，我觉得很无助，因为我根本不认识她。一想到自己不知道他遇到了谁，我的身体就感到不舒服。也许她还想念着他，而且她肯定超级漂亮，我的心情总是那么复杂。" 如果时机合适，可以把这些想法表达出来。如果伴侣对你的头脑电影表示理解，他就能消除你的恐惧。这个例子在一个好的关系中应该是可行的。

　　然而，最终怎么摆脱头脑电影，是我们自己的任务。最好的办法就是检验它是否为事实。他每天都告诉你，他爱你，对吧？他是不是经常出现在你的面前，认真对待你的感受？你通过检查现实情况可以防止一些头脑电影的出现。把它表达出来也是一种可能性，如果你想自己解决，那么写下你的电影也会有帮助。把一切都写下来，想到什么就写什么，不要放过每一个细节。你可以回过头在纸上看到自己的电影，把你知道的每一个不现实的细节都剔除掉，还有那些只会伤害你的念头。这个写作疗法可以对脑海中余留的东西和你想要或可能关注的部分产生积极影响。

　　5. 转换角度。你的头脑电影让你思考的东西是有益的吗？如果主角知道了你的污蔑、恐惧和不安全感，会有什么感受？伴侣会不会因为你不信任他，而心情欠佳？也可能是老板让你等待加薪的时间太久了，你在谈话中情绪低落，他根本就察觉不到。

　　6. 原谅自己看了那些讨厌的头脑电影。怨恨和谴责自己只会让讨厌的电影变得更多。我们越是抱怨自己，头脑电影的主角就越是多次出现，并不断要求得到关注。允许自己轻轻地放开内心的这些形象，尽量让他们越来越模糊，直到主角的脸变得模糊，几乎认不出他们为止，这样他们和你的生活就没有什么关系了。

事实上，这可能是悲剧也可能是一个巨大的机会，关键在于我们自己的所作所为。我们编写剧本，选择演员，决定了时长、强度、剧情和给自己的信息。如果你发现头脑电影总是让你不幸福，那么就换掉它吧！因为具有消极意义的头脑电影会阻碍我们向内和向外表达同理心。

↖ 同理心冲动

肯定结论：我观察着自己的头脑电影，尽量站在旁观者的角度。这样我就可以少受那些胡言乱语的影响。

★ 我们都会有头脑电影，会由别人触发它们。

★ 这些电影里的角色各不相同，往往都是消极的。

★ 我们对恐怖片的关注度越高，恐怖片出现的频率就越高。

★ 积极的头脑电影，也就是白日梦电影，其中包涵了对未来的憧憬。如果主动地尝试一下它们，你会感觉好一些。

· 利己主义者还是自恋主义者?

头脑电影关心的只有一件事，那就是我们自己。每当自我失去平衡时，就很难表现出同理心。我们以一种不利的方式包揽所有事物，这些事物是别人可能做到或做不到的。自我中心主义让我们无法看到别人的内心世界。

关于自我同理心，我们已经批判性地分析了“自我”在多大程度上需要培养，以及时刻关注自己的时代趋势会走向哪里。Y一代（指1983年至1995年之间出生的人）有一个不好的名声，那就是以自我为中心，只为自己的利益着想，自恋而又不善交际，害怕依恋也应该是这一代人的特点。但我们应该对这些一刀切式的判断保持谨慎，比如说，在我的工作中，我经常会遇到这个年龄段的人，他们的自主性很强，给人留下了深刻的印象，他们根本不会和这些负面的定义联系在一起。

尽管如此，竞争的压力、对生活的更高要求、全球化以及数字化，似乎已经使人们有了操纵性、攻击性和非社会性的倾向，社会也因此发生了很大的变化——我想我们可以清楚地感受到这些强烈的变化。“经济人”①和“同感人”②是对立的。对生活的要求变高了，对人际关系的要求以及对企业的要求也

---

① 经济人：又称作“经济人假设”，即假定人思考和行为都是理性的，唯一试图获得的经济好处就是物质性补偿的最大化。
② 同感人：译者认为是关爱他人，具有高度社会性、合作性和互相依存性的人。

不一样了，虽然表现得并不那么强烈。

当有那么多的自我为中心主义者占据领导地位时，同理心何在？我们是否在寻找自我的过程中迷失了自己？如果是的话，这个过程是否要停止？有什么能与之相抗衡？

对抗自我主义的方法？

利他主义，不同于自私和自恋，是一种帮助和付出而不求回报的态度。利他主义者认真倾听他人的需求，并毫无保留地根据他人的需求采取行动，他们不会从自己所做之事中谋求好处，除此之外，他们为别人的快乐而开心，对他人怀有感恩之心。这是多么好的礼物啊！这个礼物是否有能力将纯粹以自我为中心的观念一点点打破？

今天，利他主义行为对我们来说有多重要？在日常生活中，我们当然可以观察到，有人帮助母亲把婴儿的手推车从火车里拉出来，或者弯腰捡起别人丢失的手套。人们在公交车上为老年人让座，为他人开车门。所有的这些行为与他们自己没有任何关系，然而很多人却这样做了：他们帮助他人，尽管他们得到的回报只是一句"谢谢"或一个微笑——如果他们幸运的话。

我相信，正是在这一瞬间，我们感受到受惠者的微笑，才让利他的行为变得有价值。所以说到最后，这也是一种利己的方式——出于这个原因，有些批评的声音认为，纯粹的利他主义并不存在。我们通过提供帮助，不仅获得了自己的喜悦，更获得了一种受用的感觉、被需要的感觉。每个人都需要价值感，没有人愿意没有意义地存在着。如果我们的行为是利他主义的，那么我们在此刻对于交流对象来说，就具有重要性，有时甚至是具有决定性的。在最好的情况下，我们能让他的生活暂时轻松一些。当他把这份轻松展现出来时，这种时刻比智能手机和脸书上发生的事更能触动我们，也更有意义。

几天前，我在脸书上看到一段视频。视频中三位男士在马拉松比赛中帮助一个几乎脚都站不稳的女士跨过终点线。他们背着她、拖着她冲过终点，完全是无私的。他们放弃冲击终点的宝贵时间，来帮助这位女士。个人的荣誉不是最重要的，重要的是对弱者的帮助。

我被这段视频感动了，马上就分享了出来——善意的行为触动了我，我们的生活需要它们。我想，我们所经历的善意行为比我们意识到的要多。所以，让我们仔细观察，让我们来感知它们，并创造充满善意的环境！当我们认识到自己是利他主义者，一定会为此而欢欣鼓舞的。

我们充满善意的每一刻，都是给这个世界的礼物。

让我们继续从善意的情境中得到启发和鼓舞！我时不时进

行一些小实验：当我发现有人很少笑的时候，我就会对自己和他人发起挑战。在我买东西的超市里有一个收银员，她脾气很暴躁。当我在那里购物时，我给自己定了一个目标：我想让她笑一次。我从中并未得到什么，只是当它发生的时候，我无比欢欣雀跃。而且确实如此——我知道这位女士一时间有种别样的感觉，这对我而言是很值得的。

利他主义的界限

当然，利他主义也有界限，而最低界限是放弃自我。在我祖父母那一辈的时候，妇女要服从丈夫的安排，这很正常。我祖母就是这样生活的。她毫无质疑地服从自己的命运，她完全无私地生活着，牺牲自己照顾着我的祖父，即使我的祖父早已不在人世，她也坚持着这个习惯。现在人们可能会反对，可她对此感到幸福，不是吗？除此之外她也不知道该做什么。那一代人的内心态度被强烈的信仰和极大的谦卑打上了深深的烙印。

尽管如此，我还是觉得她并没有真的开心。我的祖母一直想当一名针线老师，当说到这些，她的眼里就有了泪花。在那段时间里，我很清楚地看到她有追求，但无法尽情地享受生活。

当她为我、我的妹妹和我的两个表弟钩织或手工制作一些东西时，或者当她教我们刺绣的时候，她很幸福。我喜欢我们一起度过的时光，我们坐在她的大扶手椅上，她耐心地教我们如何制作精美的纱线图案。遗憾的是，我没有这方面的天赋。

　　幸运的是，婚姻中的从属问题在今天所起的作用越来越小——男女双方都可以实现自己的价值。在我们的社会中，任何性别的一方都无须为对方无私牺牲自己的一切。

自恋 —— 一个时髦的词还是巨大的困境？

　　人们需要先了解下自恋的含义。这个词很常见，但健康的自恋（我们每个人都有而且应该有）和成为一种人格障碍的自恋有很大区别。这一点往往不容易识别，因为自恋者首先非常有魅力、能言善辩，而且很有同理心。他们可以赢得人们的青睐，把人们迷住。当接触更深，更进一步的时候，这种自恋的特质才会渐渐暴露出来。

　　很多人把自恋与过度的虚荣心联系在一起。虚荣是自恋的表现之一，但也包含其他个性，如不善于应对批评、渴望被认可、忽视他人的需求、坚信自己是正确的等。而且，自恋者对这些行为的反应能力也很慢。这里涉及的是由低自尊引起，在童年时期就已产生的障碍。自恋者没有同理心的能力，这意味着，围绕着同理心形成的保护层非常坚固。自恋者总是在不断关注着让自己免受别人的攻击，只关心自己，根本无法考虑自身之外的东西——别人的感受怎么可能在这有一席之地呢？

我认为同理心的基本能力就是感知他人的感受，这种能力是自恋主义者与生俱来的，有时甚至达到了很高的程度：许多自恋主义者都是非常敏感的，与周围发生的事情联系很密切。但结果却截然不同：当真正怀有同理心的人伸出援手，想要理解他人的需求并积极表示理解时，自恋主义者才开始关心别人的感受。之后事情就会不自觉发展成这样：自恋主义者在别人的每一个感觉中都听到了对自己的批评，然后，他们会贬低和不承认别人的感受，用"刀子"抵挡想象中的攻击。这样一来，他们就不再关心对方的需要，而只是保护自己不受攻击。这对于那些敞开心扉表达自己的人来说，可能是非常痛苦的。一句"我不舒服"会被翻译成"你做得不对，这是不够的"。这种反向误解让沟通变得如此困难，它就像一个过滤器，几乎让人无法与自恋主义者达成共识。要真正控制好这些流程，需要大量的耐心和练习。这时，人们真正能做的就是保证自己的安全。

我相信，在每一个自恋主义者的身上，除了我们不喜欢和认为捉摸不透的东西外，还有巨大的困境和很多孤独感。然而，这种想法也不是没有危险，因为与自恋主义者相处，会让我们产生不平衡感和挫折感，富有同理心的人反而会产生对自恋主义者依赖的风险。待在自恋主义者身边多年，会给伴侣带来严重的心理创伤。

因此，在这里我们应该谨慎使用同理心，应该更多关注一下自我同理心：这段关系对我有鼓舞作用吗？这是否对我有启发，让我能够做自己？我是否觉得自己是被爱的，还是需要不断检查自己，这样我才能不说错话？对于任何与这种人格障碍患者有关系的人来说，保持独立，继续尊重自己的需求是非常重要的。

↖ 同理心冲动

肯定结论：只要不伤害他人，我的自私就是健康的。如果伤害了他人，那我就应该自省。

★ 想象一下，每天有意识地为他人做一件事。我说的不是孩子或伴侣，也不是我们会自动地或出于必要的情况下做的事。我说的是陌生人和熟人。

★ 当你产生"那我呢？"的感觉时，问问自己，能为自己做些什么来摆脱被忽视的感觉？

★ 扪心自问，你所做的事情是否真正符合你的价值观，还是说你对金钱的渴望、对获得认可和肯定的渴望能让你忘记自己的某些价值观。

★ 在与有自恋倾向的人接触时，要照顾好自己，永远不要对自己失去同理心，如果你成为被操纵和戏弄的受害者，赶快解救自己。

· 对幸福不断追求

到底什么才让我们人类真正感到幸福？答案往往是个谜。对一些人来说，是钱；对另一些人来说，是他们的理想伴侣；对还有一些人而言是孩子、自己的公司。有些人则认为得到一把米就很幸福；还有一些人认为能让别人幸福就是最大的幸福。到底什么是幸福？是什么让人们感到幸福？而谁站在想象的幸福里，是自己还是其他人？在未来，还是现在？

心理学家兼作家蒂姆·卡塞尔（Tim Kasser）在研究中把幸福分为内在幸福和外在幸福。外在幸福集中体现在金钱、形象、地位等外在条件上。卡塞尔在纪录片《快乐》中说，追逐这种外在幸福的人，会缺少满足感，情绪上更容易抑郁。

另一方面，内在幸福是由个人成长、亲密关系和帮助他人并使世界变得更美好的愿望组成。因此，同理心帮助我们变得更加幸福，它是我们个人幸福的一部分。这也是《人间书》中写到的："因为如果我们的假设是正确的，诸如爱、坚强、宽容等品质是构成幸福的组成部分，如果同情心也是这些品质的先决条件和结果，那么我们对他人的同情越多，我们就越能为自己谋求更多的幸福。"《人间书》中还写道：

　　我们越是想真正帮助别人，就越能发展更多力量和自信，越能更深层次地感受到平和与幸福。

　　这很有意思吧！我们关心别人的同时，自己会变得更幸福。我们对别人倾注自己的关心和同情心，通过这些自己就会变得更加强大。帮助别人让自己深受感动，这是比不断与自己打交道更能产生自信的另一种方式，或者说，这也远远胜过物质上的幸福。

　　而且外在幸福只能让人获得短暂的幸福——当然，我们知道有句话说："光靠钱并不能让你快乐。"理论上我们是知道的，基本上有了钱就能让人在一定程度上感到幸福，这是毫无疑问的。我们中间谁不想要财务自由？如果我问睡在大街上的流浪汉，他们一定会回答说，多一点钱能让他们更快乐。

　　但是，如果我们不断关注让自己获得外在幸福的事物，就会自动屏蔽我们对他人的看法，最重要的是，屏蔽了我们对生活中已经存在事物的看法，而这些东西可以让我引以为傲和心存感激。当我们一直在追寻这些时，我们并没有得到真正的满足，还会有更高档的车，更大的房子，更贵的鞋子。这样的东西能维持多久？多少钱能让人幸福，多少钱才足够？难道我们不可以很满足吗？过去几十年来，人们的平均收入不断提高，但很多人并没有得到真正的幸福。所以说，物质上的幸福是有缺陷的。

此外，寻找外在幸福也会很寂寞。很多自我主义者只为本身寻求幸福，很多人把自己与他人分开，每个人都在自己的单行道上行驶。但幸福是一种生活态度，它来自内心深处的满意度。我也曾与特罗谈及此事，我们坐在一起聊天，听着丛林里各种野生动物的叫声、Tuk-Tuk®车的"嘎嘎"声、面包师的"嘟囔"声。周围的野狗在寺庙的院子里跑来跑去，其中一只野狗在沙地上满足地晒着太阳。我们喝了酸奶茶，据特罗说，酸奶茶有超乎想象的药力，他告诉我们：

"就算等来一场金色的雨，人的欲望也永远不会停止，这是人与生俱来，刻在我们基因里的。它就像楼梯一样，总是往上走，往上走，往上走……最重要的问题是：人们能不能满足？他们能用自己拥有的东西来服务于世界吗？有一次，我和我的一个朋友去法国旅游。她收到了一条朋友发来的让人不可置信

---

① Tuk-Tuk：是泰国以及东南亚国家的一种市内交通工具，是非封闭式的三轮车。

的短信，那个朋友正在一轮满月下的豪华游艇上开着大型聚会。她念出这则短信：'我不确定我们是否有足够的香槟。'你能相信吗？这位朋友坐上了一艘漂亮的豪华游艇，还嫌不够！他不告诉她，这有多美，他们在游艇上有多好，相反，他给她发了一条信息，说还缺点什么。而且，显然总是缺点什么。人们什么时候才是满意的？

"在欧洲生活的大多数人都很不幸福，他们不知道如何去享受生活，如何去满足。我一位朋友的女儿在瑞士，她过得不幸福，她总是关注自己没有的东西，她在澳大利亚学习法律。我问她：'你父母为了让你拿到学位，花了多少钱供你读书？'她估算了一下，是 100 万欧元左右。我读书的时候，整整一个月的花费是 2000 卢比左右，换算成欧元大概是 20 欧元。用这些钱我支付了一个月的所有费用：住宿、书本、食物……

"我告诉了她这些，也告诉了她我一直以来都很幸福，但她不理解我。她的朋友们都过着同样的生活，他们从来没有遇到过类似问题，也从来没有缺钱的时候，但他们所缺乏的是满足感。生活给了你所能给的一切，而你却总是想着你没有的东西。什么都可以买，但满足感在哪里买？关键是要认识到这一点，要提高警惕，要有感恩之心。买车的时候，一定要知道自己买车的目的，这样就很容易满足。知足者常乐，幸福就在你的心中，而不是在你的衬衫里。"

我听着这些话，喝着茶，想着自己是不是也过着这样的生活，我是否珍视我所拥有的东西。我思考着，何时我才能获得真正平静和满足的生活，在何时我会怀疑自己是否满足。在和特罗交谈时，我很投入，也很受触动。

在回酒店的路上，我遇到了村庄里的居民，尤其是很多去上学的孩子，他们穿着简单，房子里没有任何奢华装饰。人们用自行车、Tuk-Tuk 车或小型摩托车送孩子们上学，或者孩子们自己走路去学校。我这辈子都没见过这么多明亮的眼睛，在我们眼里很难见到这样的光芒，生命中单纯的喜悦之感展现在每个人的脸上。迎接我的是来自四面八方的问候和眼里的光，我无法抗拒这种魔力，这些人的快乐简直感染了我。我希望在我们的街道上，在我们的孩子们的脸上，能有更多这样的光芒，满足感真的使人陶醉。

↖ 同理心冲动

肯定结论：幸福源自心中，而不是我们可以购买的物品。

★ 你现在的生活中有什么是很好的？不要有所保留，即使是刚刚收拾好的厨房，只要让人心满意足，就把它写下来。家人都健康吗？你吃饱了吗？你有一个好地方住吗？你有好朋友吗？

★ 你想挑剔什么，是什么让你不幸福？把这一切都写下来。是有还未完成的文件？是最后还需要清理的柜子？还是老是出问题的汽车？还是那个不懂你的伴侣？你抱怨的理由是什么？

★ 给这些不同的方面赋予一个权重：10表示"非常重要"，1表示"非常不重要"。你给满意的事情打了几分？而让你不满意的事物又有几分？

★ 对于目前在清单上让你不满意的，而且得分较高的事情，处理原则是：爱它、改变它或离开它。能充满爱意看待的，尽量充满爱意地看待；能改变的，尝试去改变；能放下的，就放下。

· 怀疑的魔咒

怀疑让我们时刻保持着清醒和忙碌。我们很少有真正感觉到自己做得很好的时候，如果我们看得更仔细一些，那么大多数事情都会更顺利——往往很少给自己自我怀疑的理由。但是，我们的大脑往往会有不同的看法。它喜欢一直关注着容易出错和不完整的事物，这一点人尽皆知。

一位年轻的女性，是自然科学工作者，曾经和我坐在一间办公室。她即将完成她的论文，但还在为是否写第二种方案而去征求某位女导师的意见，突然间她非常沮丧。我问她有什么心事，因为从她眼中我能看到有什么在困扰着她，这是问题的关键所在。她把自己隐身了，她的肢体语言很明确地表现出她的不舒服。她的目光往下看去，眉头渐渐皱了起来，很明显有什么东西在困扰着她。

"嗯，"她说，"我不知道，我的论文是不是太普通了，以至于我还想写第二种方案。"我开始感觉到她的困境。"太普通了？你到底是指什么？""我觉得这不是一个很有意思的话题，这位女导师这么忙，她又这么有名……"

"稍等一下。你告诉过我，你有一些关于这个题目的国际刊物，是这样吗？"

"是的，是真的。"她喃喃自语，略显害羞。

我继续问她："那你们年级有多少学生在国际刊物上发表过这样的论文呢？"

"没有人。"她低声说，但还是不肯看我一眼。

"你刚才说什么？没有人？那你为什么会认为自己的题目可能太普通？"

后来，我们一起更仔细地观察她论文的研究价值。我想让这位年轻的女士看到自己的成就，也能感受到一点骄傲，因为这个特殊的成就需要得到认可。但是，相反她怀疑自己的论文太普通了，这一点我永远不会忘记。

这背后是一种叫作"冒充者综合征"①的心理现象，尤其对女性的影响更多。人们这样描述这些人经历的感觉，"有一天，他们发现自己真的什么都做不了：我处在这个位置是错误的，我受到的教育很差劲，我不配获得成功。"所有这些类似的想法在"冒充者"脑海中不断盘旋。

当我在演讲中描述这些的时候，我看到很多人表情严肃地点点头。其实很多人都有过这些想法，他们总是怀疑自己的水平是否足够、自己是否足够好、最后能不能被人感受到。问自己这些问题是很难受的，带着这个怀疑的包袱，随之而来的便是耻辱和大大的疑问。我是谁？我能做什么？我足够好吗？我与人共事的时间越长，遇到这些问题的次数就越多。这是一种掩盖一切的自我怀疑的表现，它使同理心视野变得狭隘，把焦点固定在了想象自己的弱点上。当这种自我怀疑不断出现时，可能很难对他人产生同情心。

在总结里程碑式事件和成功案例时，尤其是女士们喜欢这样说："是的，我就是很幸运。我只不过碰巧在正确的时间，

---

① 冒充者综合征（Hochstapler-Syndrom），又称自我能力否定倾向，是指个体按照客观标准被评价为已经获得了成功，但是其本人却认为这是不可能的，他们没有能力取得成功，感觉是在欺骗他人，并且害怕被他人发现此欺骗行为的一种现象。

在正确的地方。"或者说"这是一种侥幸，我并没有为此做过什么！"或者是"它就这样自然而然发生了"。而这正是问题所在：当成功很容易获得，当人们拥有特殊的能力，可以帮助他们不费吹灰之力就能实现某些目标的时候，他们往往不会接受这些成功的事实，而是把它们归功于巧合和幸运，理所当然地认为与他个人没有任何关系，换作其他人也会做得一样好。

另一方面，如果他们失败了，则认为失败的原因不在于外部环境，而完全在于自身。这个过程是特别糟糕的，因为自我贬低并不能在已取得的成功中找到平衡。

那么我们能做什么呢？"直接做，不要去想。"心理学家理查德·怀斯曼在他的书中向我们展示，我们的行为如何影响我们的情绪。他的"犹如"原则鼓励我们抛开怀疑采取行动。继续与怀疑对抗，让看似不可能的事情成为可能。因为，当我们终于把所有怀疑彻底想清楚时，在这段时间里，如果别人得到了我们想要的工作，或者做了我们想做的事情，那就真的是浪费了时间，我们本可以把这些时间用在更有意义的事情上，而不是花在怀疑上！

另外我们还可以从一个简单的事实中得到宽慰：我们要做的事情，有 50% 的可能会出错。要么成功要么失败，无论我们之前考虑多少，怀疑多少，这 50% 都足以让我们更加沉着和坚强，因为在这一点上，所有人都是一样的，对自己的能力越信任，就越有可能成功。

↖ 同理心冲动

肯定结论：我的怀疑可以助我达成目标。

★ 在你的生活中，通过自己的努力取得了哪些成功？

★ 画出自己的生命时间轴，标记出重要的节点和成功的时刻。

★ 感受一下自己的内心：什么时候有这种小小的、难熬的感觉，觉得某个事件或某次成功不是那么踏实，不一定非要写到时间轴上。

★ 用红笔在真正能让你骄傲的事情上做个标记，为自己高兴片刻。

★ 把这条生命时间轴放在身边，每当处在成功近在咫尺的重要时刻，就把它拿出来，把所有的事情过一遍：这是你的根基，你的基础，你的立身之所，就应该当作是自己的成就。也许别人本来也可以实现这个成就，但你已经做到了。

★ 如果你发现自己试图向别人解释，说并非所有事都很完美，任何人本都可以做到，那么就立刻打断自己，保持安静。对于赞美要高兴，即使内心的怀疑人格还在挣扎着是否去接受这份赞美。

· 判决时刻

前段时间，我又在阿尔斯特湖边散步时，看到有人向我跑过来。我不认识这个人，走近一看：短短的腿，毛发旺盛，黑色的长发，黄色的短裤，面无表情。到底是男人还是女人——我不好说，我只盯着这个人看，脑海中出现疑问，或者更准确地说是，产生一种惊讶的判断："那到底是个什么？"

我被这个想法吓了一跳，也意识到自己做了一个简单而迅速的判断："这是什么？"这不算是个赞赏的想法吧？我注意到问题的答案是如何在我身上立刻出现的，并改变了我，答案是一个人。这个简单的回答让我平静下来，尴尬的同时，也让我从谴责中走出来。这是一个人，一个有呼吸和感觉，有需要和梦想，有爱有喜，有悲伤也遭受过命运的打击，像我一样的人。他与其他每一个人一样，无论是在阿尔斯特，还是在城市、在乡村，在世界的任何地方。有了这个普遍的答案，我把自己和周围所有人都统一起来，并驳倒了自己的判断。

一旦我评判一个人，试图用他的特点，甚至用我自己定义的缺点来衡量他，那么我就会凌驾于这个人之上，让他处境堪忧。就好像我把他放进"抽屉"里，用我的标准来衡量他，而他就在那里，很难从"抽屉"里爬出来证明自己。内心的答案告诉我，这是一个人。从那时起，每当我发现自己想要评价某

人时，我就会给自己这样一个内心答案，而且我很惊讶，自己
的大脑竟然能很快做出这些判断。这是多么不好的习惯啊！ 这
个过程没有持续一秒钟，感觉就像判决书。

当然，人的这一面也是随着时间的推移而发展起来的，在
一定的框架内也是有道理的。我们需要概念，我们需要这些用
来分类的"抽屉"，因为这些可以用于定义别人是否能对我们
造成危险，判断和分类也是为了保护我们。但是，我们什么时
候真的需要这些，我们什么时候能用"抽屉"来代替谩骂呢？
把标签贴在人们身上，盖上有价值或无价值的印章吗？

这种评判别人、说别人坏话、伤害别人和损害别人名誉的
做法，会让人产生结成统一阵营和取乐的感觉，多可怕啊！

表达评价：诋毁

诋毁是一种乐趣，能连接和建立起针对一个或多个人的共
同阵营。堂·米格尔·路易兹（Don Miguel Ruiz）在他的《四
个约定》一书中写道，我们应该注意自己的言语，因为言语是
一种能体现出某种能量的东西。我们在这个世界上所发表的任
何言论，都会对我们和其他人产生影响。这个观念深得我心，
我们可以扪心自问：我想通过我的语言向世界传递什么样的能

量？我是想通过诋毁或其他形式的恶语相向传播一种有害的能量，还是为了自己和环境，我更愿意传播其他的东西呢？

我不知道你是否有这样的感受：当你落入诋毁的旋涡时，感觉并不比之前好，反而觉得相反，乏味感久久不能消散。诋毁是一种诋毁者之间的共鸣，与同理心无关。

比如大家在食堂一起诋毁老板的时候，就没有什么同理心。"他今天是什么心情，最后会不会承认自己和另一个部门女助理的绯闻，女助理是不是憔悴了，她原本粉嫩的脸庞真的有点难看！她还不如穿上适合自己的衣服！"我们以前大概都有过这样的对话，对吗？大多数时候人们会感觉和聊天伙伴一起度过了一段美好的时光，但说别人的坏话多少会觉得有点无聊。

我不能完全摆脱诋毁他人的坏习惯。同时，它给我留下了越来越糟糕的后遗症。我常常想知道，我们谈论的那个人的完整形象实际上到底是什么样子。我知道一个人的某些方面，然后就建立起自己的判断，那之后呢？他剩下的生活是什么样子？他的感受如何？在他的境况下，正在和哪些困难抗争？我们是不是对这个人做错了什么？

我们应该坚持从这种对话中走出来，摆脱谴责治愈自己。我们应该想一些美好的东西，不要让这些极其不公正之事的阴云笼罩着我们的思想。问问自己的内心：诋毁的感觉真的好吗？如果我们知道自己被人诋毁，会有什么感受？我们是否想要把这种感觉加在别人身上？

当我们听到人们被评判或被诋毁时，此时应该指出这个人的其他一面，并明确地说出来。但是，对于那些用诋毁来发泄心中愤怒的人，其实往往并不了解被诋毁人的信息。

另外，研究学者保罗·埃克曼谈到了分歧的同理心。这种同理心包含理解和同情，但却表现出不同的全新思考方式。这种方式不是简单地认同对方，而是同时提出一种新的解决方案，例如："好吧，这让你不高兴，我能理解。你问过她是什么想法吗？她会不会根本不是故意要伤害你？"当我们想让朋友考虑一个新的想法时，应该把分歧同理心应用于我们的友谊当中。

而会聚同理心则相反，它是干脆顺势而为，即鼓励道："没错，就是这样，这人很笨，没有什么贡献，就像她对你所说的话一样！你得让她知道厉害！"会聚同理心顺势而行，强化对方的形象，强化感受，顺着对方的方向走，不会提到"如果"和"但是"之类的话，会聚同理心意味着高度的团结。

这种行为是一把双刃剑：一同谴责让我们两人站在同一立场——这对友谊是有好处的！我们的感觉是安慰，抓住了彼此，也使得彼此的立场更稳固。但实际上，我们可能只是加强了负面评价，并没有使局势进一步走向缓和。

作为同事、朋友，人们应该如何去做？在一次关于训练方法的讲座中，身为作家、演说家和培训师的萨比娜·阿斯格德姆（Sabine Asgodom）曾经告诉我们，自从她决定停止和别人一起诋毁他人之后，她的朋友圈发生了巨大的变化。不要再用会聚同理心！我们要对自己说：这是一个我不熟悉的人。如果我愿意，我可以对他进行更多的了解，在我对一个人进行评价之前，我应该先从他身上了解更多信息。

这个过程在社交媒体上特别有意思。从这里可以看出，不注意的话，我们很快就会被人谴责，这似乎是人类的性格特质，因此在这方面我们还有很多需要学习的地方。

人们很容易在网上进行评判

前段时间，我写了一篇关于罗马尼亚乞讨者的帖子，我想为他筹钱。下面，我来为大家介绍一下这位乞讨者安德烈（André）。

他就坐在一家超市门口的角落里，是个和蔼可亲的男人，四十五岁到五十岁出头的样子，总是面带微笑。他有着黑色的头发，明亮、慈祥的眼睛。我不知道为什么他会在大街上乞讨的人中脱颖而出，他并没有做什么特别的事情，只是坐在那里，微笑着跟人打招呼。他和大家说"祝您的家人万事如意"，并露出满面笑容，他的身上有种很温暖的感觉。

我观察了一下，很多邻居会给他提供食物，带他去超市，让他选点东西并和他聊天。一个花店的年轻女子会时不时地来找他，并给他带一支烟。我想这附近的人都认识他。我有时和他在一起待着，给他食物、钱，甚至衣服。有的时候，他带着女儿，女儿十三岁，在旁边的角落里乞讨，她几乎都没有牙齿，她总是勇敢地笑着，人们可以从她的眼睛里看到痛苦和清贫。人们看到的，并不是在这个国家中大家希望从十三岁的孩子身上看到的东西。

他告诉我，他有五个孩子，他的妻子已经去世了，他八岁的儿子患有心脏病，需要手术。我看着他的眼睛，倾听着他的诉说。我心里没有质疑过他所说之事的真实性。再次相遇时，他已经在罗马尼亚的一个果园工作了几个月，他送给我一瓶塑料瓶装的罗马尼亚白兰地（烈酒），可能是他自制的。每次我们聊天的时候他都说，他妈妈为我和我的家人祈福，因为我帮助过他。他称呼我为"王妃"，因为我让他想起了戴安娜王妃①。

---

① 戴安娜王妃（1961—1997）：戴安娜王妃是被世人瞩目、被世人爱戴的女性。她是一位为拯救无助、贫困的人游走在世界各地的天使，为此她的品行深深感动了很多普通的人，英国人亲切地称戴安娜"Lady Di"。

安德烈感动了我，我想到了他那个需要做手术的孩子。到底要怎么帮助他？我思考了很久，然后在脸书上发帖说："我考虑发起一个众筹项目，帮他儿子筹集做手术的资金，他曾告诉我，他需要三千欧元的手术费。"

你一定想象不到这之后发生了什么！大家的反应五花八门，从"小心一点"到"呵，这个说法太老套了，这个人不可信，没有一句话是真的！你要是愿意就给他钱，但不要为他众筹"。也有其他的声音："我会支持他，也愿意捐给他一些东西。"还有一些有价值的提示，例如，他们告诉我如何证实这件事情的真假，以及可以试图查找罗马尼亚的一个负责关心儿童福利的组织的地址。我来来回回地给人写信，查了又查，终于把这个组织的资料给了他，我还把一些细节翻译了，并试图说服他，让他向这个组织求助。因为我不会说罗马尼亚语，所以沟通的速度很慢，最后他让我在手机上打开了一个翻译软件，并且只打了一个单词，然后他把我的手机又还了回来，屏幕上显示"腐败"一词，意思是这个组织很腐败。他耸了耸肩，然后悲伤地看着我，只是说："博士。"

现在他不得不离开这个国家，回到罗马尼亚，因为他在这里没有永久居留权。我希望他有时间能回来，我可以再努力帮助他；我也希望他能在罗马尼亚得到足够的帮助，这样他的孩子就可以脱离危险了。

　　其实我想说的是，有些人对这个帖子的评论很苛刻，这让我很震惊。我是不是把这个世界想得太天真了，相信了一个骗子？难道我的同理心让我变傻了，难道我心甘情愿地相信了一切，因为这个男人散播着一种温暖，让我什么都不去质疑？在很长一段时间里，我都在关注这个问题。在这些念头占据我心头的时候，我心里其实和他保持了一段时间距离。不过，有几个人写了一些让我觉得值得深思的东西：倾听你的心声。

　　我的心说：是的，我相信这个故事。无论它是骗局，还是事实，我都选择相信它。因为坐在大街上乞讨，晚上睡在公园外面，有上顿没下顿的人，处境绝对是比我差的，不然不会到了必须带着孩子去乞讨的地步。

　　我不必指责他说谎，也不必在内心谴责他，不必纠结谁会从中受益。即使他在撒谎，我也要把这当成是我的问题吗？在这一点上，特罗有一个经历，并且对谴责和信任问题有一个非常独到的观点。

　　"有一次我在巴黎的机场，一位男士和一位女孩来找我，向我乞讨二十五欧元，我知道他们不是真的需要钱买票，但我把钱给了他们，尽管我知道他们是为了自己的目的利用我。如果我有钱，我就会给，有问题的是欺骗的人，而不是我。这是他们的因果报应，我可能知道有人在骗我，尽管如此我还是帮助他，这一点是我可以决定的。"多么超凡脱俗却又简单明了的观点啊！它表明责任在于说谎的人，而我也不用担心他是否会继续撒谎、欺骗别人，因为这是他的问题。

我们对人的判断很快，觉得自己看透了。我们以为自己知道谁是好人、谁是坏人，我们认为自己知道谁适合谁的模式，谁不适合。凭借这些，我们越来越限制自己对世界的同理心视野。我们不再感同身受，而是在做出全盘否定的判断的同时，与真正需要我们的人拉开距离。但是，这个距离又能让我们看到什么呢？这基本上是一面我们自己的镜子，从中可以看到我们对自己的评价，对自己的要求有多高。当我对某个人感到愤怒的时候，总是会想到：如果我对别人有不好的想法，并对他进行谴责，那么我的内心就会失去平和。

而我越是这样做，我的内心就会产生越多不和谐。所以，判断力是同理心的有效解药。

↖ 同理心冲动

肯定结论：人人都是平等的。谴责会阻碍每一份同情心和同理心。

★ 当你感觉自己有谴责别人的冲动时，就观察自己。停下思绪，告诉自己：这是一个我不熟悉的人。然后深吸一口气，将身体和心灵的偏见释放出来。

★ 当你真的想在背后对人说长道短，那么就问问自己，这种行为背后真正的动机是什么？自己身上有什么东西是不清楚的，是浮躁，还是固执？

★ 当有人表现得很奇怪，而你觉得整件事都很莫名其妙时，你可以看着他们说："有意思！"摘下谴责的标签，让这个人保持他原本的模样。

★ 当你发现一些不了解的事情，而你又很想说这件事的坏话，那就试着再去了解一下情况。闭上眼睛，转换视角，想象这些事发生在我们的认知里会是怎样的。你需要明白，这些情景把我们与哪些情绪连接起来，然后去感知它们，不了解的事物并没有错，只是状况不同而已。

· 对比行为

当我们谴责别人的时候，很快就会把他们与自己进行比较，这种对比是完全自发的。

当我们环顾四周时，有很多东西是与自己的生活息息相关的：别人有一个完美的家庭；这里的房子是多么的漂亮；这边的孩子们似乎不知不觉地长大了；闺蜜的衣着尺寸让我们莫名其妙地烦躁不安；同事比自己成功得多，赚的钱也多；邻居的发型总是比自己的要整洁得多，口红和袜子也很配。无论我们怎么看自己，与自己明显的缺点做比较，我们一定会感到自己比之前的情况要差一点。

当然，我们身上也有一些优于别人的地方，但我们往往不看这些部分。我们非常重视弱点，谁能做得更好，谁的东西更多，自己的弱项在哪里……对于这个问题我已经有了初步的理解：在比较中我们只能失败。它缩小了我们的视野，使世界显得很小。我们陷入缺点的泥沼，只能向别人求助，而不是直接说："是啊，有你在，一切都会成功。这话说起来简单！"

我们未看到的事物，就是剩下来的全部。我们通过尽可能客观的比较，就可以获得积极的见解。我一开始是很不服气，因为我同事的学历不高（看，谴责又开始登场了），却比我成功得多。我对这位女士的好感减少了，也忘了一件事：比如她没有孩子——她没有养育一个女儿，她的计划是完全自由，可以做任何想做的事情。就因为同事的时间比我多，那我会因此不想再做母亲吗？不！当然不会！到最后她甚至为没有孩子而发愁，她早已意识到成功和金钱不能代替孩子和家庭带来的归属感，但我并没有想到这么远。

这种比较，这种负面事物，通常对我们没有任何好处，而且冲着让我们视野变小的那一方面去了。它往往只涉及生活的一个方面，而且是以自我折磨的方式进行的，把其他的一切都抛到了九霄云外。这不公平！我们在和别人进行比较的时候，对自己的态度很不友好。

当然，对比行为也有好的一面和积极的作用：当我看到所说的那个同事有什么了不起的市场营销案例时，我当然也可以问自己，它好在哪里，它是否可以为我提供灵感。这是比较有优势的一面：我可以从别人身上获得灵感，可以看到她是如何处理事情的，她的优势在哪里。最重要的是：我不可能因为想法很好，就去抄袭她。

如果我们把自己比下去，很可能会陷入两难的境地。我们会选择处在比较中的哪一方：伤害我们、使我们陷入弱点的泥沼的那一方，还是能启发我们、激励我们、给我们指明新方向的那一方？

这就好比选择恐惧还是选择爱。如果我们选择了恐惧，那么另一边的小草肯定会看起来更绿。因为我们给它的评价是："比我的草地长得好。"但如果用爱的眼光来看："哇，好漂亮的草坪啊！人们是怎么做到让它长得郁郁葱葱的，有什么秘密吗？"选择恐惧产生的结果是，我们不再能够与对方产生共鸣，因为在内心深处，他变成了敌人，因为"他比我高一等"。若以慈爱、友好的眼光看待它，我可以从对方所做或能做的事情中获利，可以发展和制定新的目标。我可以积极地塑造自己的未来，而不用再让自己陷入无谓的比较中了。

每一种感觉都源自需求，而当我们在比较的时候，我们要快速地问自己可能有哪一个需求。当同事又开了一辆新车过来时，我们会问自己："我是否有更多的交通需求？需要换车吗？我是想买一辆新车，还是爱惜我的旧车，真的不需要新车？"当邻居成功减肥，而我们没有时，我们自问："我是不是对美食有需求，因此现在无法减肥？"

用仁慈的眼光去看待他人和我们自己所缺乏的东西，使我们能够以同理心来对待这种比较。我们永远不会完全停止做比较，但在心理上如何对比较的结果进行分类，这是我们可以改变的：思想可以改变方向，让我们从愤怒和沮丧中走出来吧！

将比较作为我们心灵启发的动力，是一种有益的处理方法。突然间，我的同事也不再那么讨人厌了，我可以和她聊出色的市场营销案例。突然间，我仔细看了看同事的车，请他载我一段。突然间，我问漂亮的邻居，她是怎么减肥成功的，说不定我终于可以找到轻松获得理想体重的方法了！

↖ 同理心冲动

肯定结论：在内部的比较中，人们常常会失败。从今天起，我要看到已经得到的事物。

★ 你喜欢和谁做比较，并重复比较行为？是前夫的新女友，还是年轻的同事，或是买车时总能得到更好的优惠的邻居？

★ 当你将自己进行比较的时候，有什么感受？是自卑的感觉，还是良好的、满足的感觉？

★ 比较的背后有什么需求？你是在找证据证明自己是"受害者"吗？或者说，比较是为了起到启发作用？

★ 如何在进行负面比较的时候打断自己，转而欣赏对方所做之事？

· 追求完美的欲望

在所有的比较中，有一点是明确的：我们总是希望自己是完美的、成功的、年轻的、有成就感的。但我们不是这样的人，也永远不会是这样的人——在我们身上根本不存在完美。

追求完美的欲望使我们无法产生同理心，并压垮了我们。我们在这个圈子里辛勤工作，很少能得到满足感。我们跑啊跑，却不知道到底要去哪里，因为没有人真正知道真相，知道完美到底是什么。你知道吗？"完美"是句空话，没有别的，必须先把它填上。但是，由谁来填？谁能准确定义什么是完美，什么时候是完美的，怎么实现完美？

　　特罗采访了一位来自比利时的四十五岁的客户，对他来说，恰恰是完美为他构造了一个陷阱：他很早就被教育要做一个完美的人。因为他也不知道完美会是什么样子，所以就在金钱、成功、豪车上寻找幸福；最后，他拥有了他所希望的一切，唯独没有幸福。相反地，他甚至经常不知道为什么而生气。然后，有人告诉他，不要这么生气，这不应该。他还不明白，他对完美的追求使自己变得易怒又固执。

　　他有一个妻子、三个孩子，生活奢华。有一天他去找特罗咨询。他们谈起了幸福，谈起了完美——突然间，他讲起了他的瑜伽老师，这位老师和孩子们一起过着拮据的生活。他完全被这位老师迷住了：为什么他们什么都没有还会这么轻松和幸福呢？他们的生活跟完美沾不上边，甚至都不能正常运转！这个男人渐渐地，却又肯定地意识到，他对完美的追求永远不可能让自己幸福。随后，他把工作量减少了20%，决定开始参加瑜伽老师培训课程。追求完美的欲望和对物质的追求就这样结束了，而他却过得一天比一天快乐。

　　追求完美的欲望限制了我们的同理心视野，因为我们总是在追逐着什么，所以我们不会停下来休息，既看不到自己，也看不到身边的人。

做正确的事

即使是在看似微不足道的情况下，完美主义也会给我们带来困扰。在做语音和演讲培训师的工作中，我经常会遇到"正确模式"，培训中的人在演讲和主持中尽量把所有的事情都做得正确，对与错的概念肯定是值得探究的。

那么，有些人在舞台上、在演讲中或在会议上、谈话中或在话筒前，都想在内容上大放异彩。在演讲时，完美的提纲早已准备好了，而且文章结构很棒，重要的问题都已标记。这个人说话时会出现这样的情况：我能听到他说话。不过，没有发生其他的事。我听到的内容，是精心构思的语句、有些空洞的辞藻，却没有激情。

他的语言中根本没有可以体现他个性的东西，我可能还能听懂他讲的事，但听着听着很快就厌烦了，因为这位演讲者被牢牢地锁在"正确模式"中。严格来说他做的一切都是正确的：有明确的主线，有表现力的图片，有正确的结构。到目前为止，到处都有充满吸引力的内容。

但是还缺什么？他缺乏敢于犯错、说话颠三倒四、要冒风险的勇气。缺少的是作为一个人的平易近人，作为一个人的可沟通性和开放性。而演讲中需要做到的是考虑全面。说话要大声点，清晰点！要看上去很流利！要看上去很聪明！大脑显然都在全力以赴地为这些工作着，遵循塑造成功的外在形象的重要标准，其实无非两点：关注自己的影响和内容。

那么真正的交流会出现在哪里呢？没错，它只发生在对与错之外的地方。我们怎么才能实现呢？当我陷入了完美主义的陷阱，并想表达点什么时，我缺的是什么？而我如何才能明确知道自己是在真实地交流呢？

1.使用自己的语言。我想把演讲做好，我就会采用一些使用频率较低的词汇，然后按照正确的语法朗读它们。我自己也遇到过类似事件，那次我在慕尼黑演讲之夜担任现场主持。我想把所有的事情都做好，为主持做好了准备，我的个性暂时完全被抑制住了。我的光芒和个性都展现得很少，因为我一切都是朝着正确的标准去做的。但这毫无意义！用你自己的语言表达！你的语言和热情才是吸引别人的东西，否则还不如看公司的宣传册，那可比听一场循规蹈矩的讲座轻松多了！

2.自发的肢体语言。我想把事情做对时，我会保持安静的站姿，动作幅度不大，最好不要太过张扬，否则别人还以为我把自己看得太重。安全的站立位置可以帮助我们获取一种立场，而且这种姿势可以让我们感觉更加舒服，我也相信适当的手部动作能让我们看起来更得体，但这些都只是可以帮助我们感觉更好更自如的基础动作。在我看来，有一个原则是适用的：个性需要空间！我越是手脚并用地讲述，让自己的姿态显露出来，真正地运动起来，就越是能说得生动。你可以尝试一下，把同样的故事讲三遍：第一次是紧张地坐在扶手椅上讲述，第二次笔直地站立着讲述，第三次是手脚并用地描述。你会惊讶地发现，一切都会变得不同！

3. *流畅地呼吸*。当我深陷完美主义的陷阱时，它会立即影响我的呼吸：呼吸是平稳的，来源于胸口而不是肚子，我只是在轻轻地呼吸着。不要让身体因害怕而屏住呼吸，否则就会失去稳定，因为我会带着这几乎停滞的呼吸，惊恐地睁大眼睛问自己：我做得对吗？我做的一切都好吗？老板点头了吗？妈妈笑了吗？

事实上，这种想把事情做对的愿望是一种近乎幼稚的态度，且与自信没有什么关系。因为对世界的视野被限制了，我只看到别人对我的看法。我想这也是我们的特点之一：我们总是在关注别人对我们的看法，而另一些人只考虑自己和自己的影响。大家都处在自我之中，而不考虑与他人的相处。

如何处理自己的错误和缺点，如何改善自己的性格，这是一个更宽泛的问题。如果我们不学着充满爱意地看待自己不那么完美的一面，而是一直纠结于对错，那么我们就无法从不断自我观察、自我谴责、自我苛求的旋涡中走出来。在这种情形下，人们会很不舒服。一切都被僵化在这个观念中：我必须是对的。

我们被冻结在正确和错误之间的紧张气氛当中。

　　如果我们允许自己犯错误，那么偶尔失败也会有很大的帮助。有时候，失败是帮助我们了解新鲜、未知事物的重要一步。当我们失败的时候，我们首先可能会再一次轻视自己：你又失败了，你是个失败者，什么都做不了，随后羞耻感接踵而至。在培训的第一个学年，我没有通过音乐培训课程考试。那是1996 年，我对看到考试成绩单的那一刻记忆犹新。一张符合德国工业标准（DIN）的 A4 纸上写着：海因·莫妮卡，未通过。

　　在那一年，接收很多学生然后大力筛选，对于学校来说是很平常的，可这个打击对我来说是毁灭性的，我意识到我不够优秀。多年来，我一直为自己人生的这一转折感到羞愧，因为我在二十一岁那年怀揣着成为一个自豪的、有抱负的音乐工作者的梦想，从黑森州搬到了汉堡，尽管很显然我并没能成功实现这个梦想。有人建议我再复读一年，那时我已深知自己不够优秀，就抓住了这个机会，重新开始。第二年情况完全不同了，我找到了新的、真正的朋友，其中有些人今天还陪伴在我身边。我被选为班长，我觉得比以往任何时候都有安全感，也开始重新找回了自己的优势。唱歌、演讲、演戏成了我的兴趣爱好，这些爱好给我带来了很多欢乐。

　　但是，失败的烙印从未完全消失。我甚至没有告诉我当时的男朋友，第一年我复读过的事。在第二年结束时，我决定离开这个不属于我的地方去独立试唱，同时去大学注册入学。

在误打误撞地听了几场语音学的讲座之后，我就选择了教育学作为我的第二专业。四年的学习结束后，我拿到了硕士学位。音乐学校已被我遗忘了，但是，我在很长时间里都无法接受自己曾失败过。

直到有一天，我和一个熟人聊天，他说要帮我好好整理一下营销计划。他找到了决定性的转折点，改写了我的尴尬故事，他并不相信大学学习对我来说只是临时性的解决方案，他还建议我修改一下简历："你救了自己，做了对你来说相对容易的事，你做了比舞台上的工作更适合你的事情。这很好！"

我一时间语塞了，同时我意识到：在这次谈话中，他表现出了不同的同理心。他对我所经历的事情产生了共鸣，并提出了新的看法，而且他说得很对！之前我所理解的失败，只是在那时为我开辟了一个新的人生，反过来也让我有了今天的工作方式！对自己的故事进行重新诠释和正面解读的经历，让我对事物有了全新的认识。羞耻感消失了，失败感消散了，在我的人生中只留下了一个美好、正确而重要的转折点。为此，直到今天我都很感谢这个熟人！

你能在哪里重新演绎自己的故事？哪些是你可以重新解读的转折点？

⬉ 同理心冲动

肯定结论：我会犯错误，也充满爱意地接受它们。

★ "完美"把我们区分开来。你更喜欢谁：是那个散发着生人勿近气息的、风格完美的商人，还是那个经常会在困难中跌倒，也会坚持从错误中学习和成长、用热情和执着去追求激情的人？

★ 用一句"只有我才能把事情搞砸得这么厉害，因为我就是我！因为我是我，所以我很感激地接受这个错误"来化解自己犯的错误。

★ 如果你发觉自己陷入了"正确模式"，就打断自己，让自己笑，仰头站立或绕着街区走。必要时也可以在周围无人的情况下，大声喊叫。

★ 检查你所经历的事件是"错的"还是"坏的"。它们有什么好处？体验这些东西到底有什么意义？

· 不信任和嫉妒

不信任

在交往过程中，很多人都会有不信任感。老板检查下属的情况，丈夫加班时妻子会胡思乱想，家庭主妇会谨慎地再数一遍找回的零钱，等等，这都是缺乏信任的表现。不信任产生之后，我们人际关系中的问题会越来越多。我们自己习得的模式使我们无法相信别人想对我们好，或者至少不坏。不信任的原因有很多，正如每天都会看到有关骗子、强盗、强奸犯和小偷的故事。

很多人拿负面的经历为自己的多疑开脱。"信任很好，控制更佳"是一句老生常谈的话，负面的经历自然会让我们谨慎。所以，我们希望永远不要再有经历什么不好事情的"受伤的孩子"。而正是在这一点上，才值得我们有意识地选择信任：我相信！GFK 非暴力沟通培训师尤根·恩格尔对信任有明确的态度："我可以主动代入信任，我不期待自己可以轻易拥有它，但我可以有意识地把它融入情景中去。"

就像前文提到的罗马尼亚乞丐的例子，当我在脸书上公开表示要帮助他时，当我问及众筹的可能性和有关经验时，很多人的反应是深深的不信任。有人警告我说这是个骗局，说这些都是他为了赚钱而编的故事。有些人发帖发表关于来自罗马尼亚的令人讨厌的乞丐团伙的建议，并附上了相关文件的链接。也有其他表示赞同的声音："跟随你的心去做，我会一直支持你、帮助你。"持不同意见的双方是这样告诉我的。

人们并不总是会信任和帮助他人，并且我很清楚地发现，那些抱怨的人中没有一个人正视过乞丐的眼睛。当我倾听乞丐的话并从超市顺便带一盒鱼罐头给他时，发现没有人跟他说过话、听过他的声音、了解过他的喜乐。

基本上，我们似乎就是这样的：我们更容易信任和我们相似的人。因为这些人都是我们的"同伴"，我们有相似的信念、兴趣、价值观和文化背景。如果人们有任何不同的地方，就会被认为是"外人"，往往会不被人信任。

这一切都是从小事发展起来的。一位文身师告诉我，因为她的手上有文身，所以被人用怪异的眼光打量。这位二十二岁的女士，看起来和犯罪根本不沾边，她的文身也不是特别凶神恶煞。但是，似乎是这样的：没有出现在我们自己的内心世界里的东西（可能内心世界会很大）都会受到评判——且我们会对陌生的人产生不信任感。这就是刻板印象，我们把人分类，而且对他们的看法会一直保持不变，直到有一天我们认识到，有文身的人也可以是相当不错的人。但在那之前，我们更愿意忠诚地相信这种刻板印象，而不是相信和我们一起生活的人。

　　说到忠诚，就会想到不信任是恋爱关系中的一大话题。如果一个人在关系问题上有过不好的经历，如有可能被人欺骗或抛弃过，那么这些经历就会形成信念，从而形成行为模式，而这些行为模式并不是那么容易克服的。这些人的内心世界里有一些深深的、幽暗的鸿沟。

　　现在问题来了，在这种情况下，应该同情哪一方：是经历过糟糕经历的人，还是对此完全无能为力，但却被不信任感"惩罚"的人？（新的）伴侣往往可以尝试着去做自己想做的事情，他无法去解决或改变的是：已产生的不信任会一直存在。这是可以理解的，因为谁也不希望再次遇到这样的经历。新的伴侣只能用耐心和爱来面对不信任，并希望慢慢地建立起信任，希望被骗者能解开他的心结，拥有全新的体验。

嫉妒

　　嫉妒心的名声很不好。人们常常会听说："嫉妒心毁掉了一切，不属于一段关系。"但是我认为，如果我们从积极层面来看，嫉妒也会体现出一些美好的东西。

　　柏林的情感关系治疗师兼作家沃尔夫冈·克吕格（Wolfgang

Krüger）将嫉妒的程度划分为三种：轻度、中度和重度。与各种程度相对应的行为方式是不同的，程度渐渐加深，体现为初步是直接的、略显烦躁的询问，然后检查手机，查看伴侣的个人文件。

对于我们在嫉妒状态下所做的所有事情，沃尔夫冈·克吕格也指出，怀疑者的直觉往往是准确的。他认为轻度的嫉妒是相当有同理心的，因为伴侣会敏锐地感知到另一半的异常行为、躁动不安的情绪或者不忠心。

但是，这样做是不对的，沃尔夫冈建议使伴侣陷入嫉妒心的人们，如果没有什么可隐瞒的，就采取措施建立信任。这些措施要求人们以一种很有爱心和同理心的方式来对待嫉妒，而不是一种攻击的感觉。这一点是很难实现的，因为我们似乎根深蒂固地认为，当我们感到受到对方的感情攻击时，我们必须反击。为了防止冲突的发生，在此情况下，伴侣要充满同理心地对待另一半的嫉妒心。

在一次私人谈话中，沃尔夫冈·克吕格告诉我，他的朋友圈里有几位朋友是女性。当他和新伴侣走到一起的时候，新伴侣对这些朋友都感到很好奇。当沃尔夫冈·克吕格注意到这一点时，他提出了以下建议：他把这些好朋友都请来了，让新的伴侣感受到他并没有向她隐瞒什么。宴会继续进行，女士们互相认识了。从此以后当他的男性或女性朋友们参加共同活动时，沃尔夫冈·克吕格的伴侣再也不会有后顾之忧。

人们都希望能坦然面对嫉妒和不信任。但实际上，这些感觉无论是否被表达出来，通常都会引起那些感觉受到不公平对待和怀疑者的抵触。这样做的结果是，人们会更加封闭自己，而不是敞开心扉，帮助需要帮助的人度过难关，这时就会产生距离。虽然不信任他人者需要亲近和同情，但是这种感觉不是他主动选择的，而是从不安全感和困境中产生的。

类似这种对亲近和疏远的争论不仅仅会出现在爱情关系中（但在爱情里显得尤为明显），也会出现在友谊、工作和家庭关系中。人们对每个字都反复推敲，欺骗行为的标志一旦出现，人们就以"你看，我都告诉你了"这句话结尾。我们戴着不信任的眼镜看待对方，认识到这些模式、为其命名，并对其采取行动，这就是不信任的全过程。

选择信任可以使人变得积极！如果可以的话，你可以帮助别人重拾信任！

↖ 同理心冲动

肯定结论：我会积极地把信任带到我的关系和遭遇里。

★ 信任使我们获得内心的宁静。

★ 如果自己没有被人不信任过，我也可以展现信任。

★ 观察你的生活中，人们最容易怀疑的是哪些方面。开始意识到并打断这些想法，而不是去放纵它们。

★ 那些第一眼看上去与自己不同的人，也是可以信任的。你可以寻找共同点——大家都有两只耳朵、一个鼻子、一张嘴，都是一个人。

★ 信任是值得的。

· 语言消除了同理心

> 人言可畏。人们把一切都说得太清楚。
>
> ——赖内·马利亚·里尔克[①]

沟通很重要，相互之间的交流很重要。但似乎同理心并不总是需要我们把所有的事情都说清楚，有的时候，我们会不胜其烦地一再谈论所有事。相反的是，有时候一些事不言自明。在这些情况下，沟通成功的关键在于陪伴，而陪伴并不意味着

---

① 赖内·马利亚·里尔克（Rainer Maria Rilke）：奥地利诗人。

要说话。尤根·恩格尔认为："我在那里陪伴着那个人，这是同理心的前提。不用通过语言我就已经拥有最好的同理心，这种方式就是充满同理心的陪伴。这会让人们产生好感：他以某种方式陪伴着我，倾听我的声音，即使他什么也没说，但仍对我整理自己的思绪做出了极大贡献。"

非暴力沟通的开发者马歇尔·卢森堡曾明确指出，语言甚至会阻碍同理心的发展。他在《非暴力沟通》一书中记录下一些会阻碍同理心发展的语句，在这点上，人们常常会好心办坏事。我们很想帮助对方，但我们没有用正确的方式，我们没有站在对方角度，而是把自己的情感强加在了对方身上。

卢森堡和他的女友霍利·汉弗莱（Holley Humphrey）认为，以下是沟通中的几大"坏习惯"，这些习惯会阻碍同理心的发展。

1. 提出建议。当一件事情涉及的人不是自己时，我们可以无比聪明，随后我们给出完美的建议，自己却没有好好牢记这些建议。有一条格言说的是"好心常办坏事"。如果对方真的想听的时候，我觉得建议往往会很有用，但遗憾的是，我们经常不问自答。

2. 总是关注新的事件。很多时候，沟通会演变成我们试图超越对方，一个个新的故事接踵而至。但到最后，我们永远都不知道对方的情况如何，因为我们已经转入了下一个更好的话题。

3. 教育他人。这是一个非常敏感的话题，当我们教育他人时，我们赋予自己更高的地位。我们进入"聪明人模式"，对一切都有更多了解。谁喜欢被人说教？没有人。即便如此，我们还是一而再、再而三地做。如果我们继续这样说教，就会更容易树敌。

4. 安慰。我认为，安慰可能是一件很美好的事情，但事实上，如果我们过多地关心和抚慰对方的伤口，可能会使对方与自己的见解和成长脱离。而我们如果过多地深入对方的痛苦中去，可能会失去自己情绪的稳定性。

5. 讲故事。我们抢着话题，分散对方的注意力。往往只是简单地问一下情况，只为了在第一句话就掌握话题的主导权——从那之后，一切都只与我们自己有关，这种行为就体现出此时我们拥有很少的注意力和同理心。

6. 只是嘴上安慰。"哎呀，别这样，事情还没有差到这个地步！"带着这种态度，我们会贬低别人的感受。当然，我们不能把对方痛苦过度放大，但也是需要一定空间的，他们希望被感同身受，我们应该给他们空间，然后再做判断。

7. 怜悯。怜悯不是同理心，尽管人们经常把这两个名词联系在一起。当我们怜悯的时候，我们内心深处会庆幸自己不在对方的位置上。因此，我们的地位在上升，在从上而下地去怜悯，而同理心产生于平等地位。

8. 审讯。如果我们把案件中的每一个细节都仔细研究，那么他人很快就会觉得很荒谬，因为到最后根本就不是这些细节的问题。审讯当然不是充满同理心的交流，而像是照在对方脸上那刺眼的灯光。

9. 无效解释。如果我们所说的话都是为自己的行为做的虚伪的解释，而与对方无关的话，那这些解释会让对方更反感。

10. 纠正。人们可能会听到这些话，"你误会我了""你想得不对""根本不是那样的"，这些都是沟通中让人感觉如履薄冰的话。谁愿意被纠正？被改正的感觉如何？这让我们觉得自己像个小孩子。

我想再补充一些。

11. 评论。 每一个动作，每一个表情，都会被分析。人们不断地评论别人，不让别人做自己的事情，而对面的人必须不断察言观色，小心组织自己的语言，在这种情况下，语言会产生很大的距离感。

12. 控制。在生活中肯定会有一些领域，尤其是在科技和安全领域，可能有控制会更好。但是在人际关系中，当人们感到被控制的时候，情况就很严重了，因为控制意味着不信任，不信任让人不自由。

13. 辩解。人们一受到别人的批评，往往会立即为自己辩解："但那不是真的，我没有这样说，也没有那样想……"当然，把事情说清楚是好事，但"反击"并不能让我们真正听见对方的意见，随后对方的真正需求往往会被忽视。

这一切听起来很复杂吧？如果对方在那一刻觉得需要用这些方式来满足自己，那么这些行为也无可厚非。只要他能从中有所获得，事后感觉好点的话就可以。你也可以问问他："你需要听点建议吗？"或者说："我曾经也遇到过类似的事情，如果我告诉你，会不会对你有帮助？"

如果我们想说的话满足了对方的需求，那么就完全可以打开自己的内心世界。但在你开始说话之前，需要注意一点，要时不时地检查一下对方此时此刻的需求是什么。

↖ 同理心冲动

肯定结论：要充满智慧地决定何时开口，何时沉默。

★ 话语并不总是好的，有时保持沉默更佳。

★ 再次倾听自己的心声：我们说话是出于同理心，还是出于想要表达自己或改变对方？

★ 我们是否可以确定，别人能从我们的话语中获得好处？

★ 当我们真正以同理心说话时，我们会与对方的需求产生共鸣。

·农民不吃他不知道的东西：舒适区的生活

这句谚语很好地描述了我们不喜欢尝试不知道的东西这一现象。转移到本书的主题，我们可以说，我们无法感受我们不知道的东西，我们的内心对陌生事物有抵触，我们对自己内心世界里不存在的东西都是持怀疑态度的。事实上似乎是这样的，那些见多识广、经历和感情都丰富的人，往往比那些一生都在一个地方生活，夏天总去一个地方度假，尽可能缩小生活范围的人心胸开阔得多。

"舒适区"是培训中经常使用的一个词。它描述的是这样一个领域，在这里我们觉得很舒服，不需要承担任何风险。对于一些人来说，舒适区是相当小而舒适的，有熟悉的流程和熟悉的环境，我们在小范围区域里过得很舒服，感觉良好。而对于另一部分人而言，整个世界都是舒适区：他们不回避风险，也不会匆忙间就接受陌生事物。对他们来说，没有距离，没有风险，也没有陌生感。在这两者之间，有许多灰色地带：每个人都有自己的舒适区。

黎曼·托曼人格模型

当然，舒适区取决于我们的个性。我工作中常用到的黎曼·托曼人格模型（Riemann-Thomann-Kreuz）描述了人们的四个基本特征，这些特征使人们更容易或更难脱离舒适区。心理学家弗里茨·黎曼（Fritz Riemann）在其著作《直面内心的恐惧》（译著署名弗里兹·李曼）中最初描述的这四种特征是亲近、疏远、变化和持久。亲近和疏远处于一个轴线的两个极点，变化和持久构成了第二个轴线。这四种特征的定义如下。

亲近。亲近者喜欢与人打交道，喜欢与人交谈和接触，喜欢敞开心扉。遇到矛盾时，他们会求助于他人，想尽快解决矛盾。缺点是，亲近者容易依赖别人。

疏远。疏远者善于独处，他们喜欢安静，而不是喧嚣，喜欢独自做事。所以，如果有了矛盾，疏远者喜欢先自己解决，然后再去接近对方。"清静"对于疏远者来说是很重要的。缺点是，疏远者进入了隔离状态。

变化。变化者总是在寻找灵感：尝试新事物，拜访新国家。变化者总是热衷于新的话题，在谈话中经常换话题。缺点是，变化者容易变得不靠谱。

持久。持久者喜欢制定好流程，喜欢创建列表，对其进行处理并遵循某些结构和流程，这些结构为持久者带来安全感。

人们可以始终依靠这个人，他散发着冷静和自信的气息。缺点是，持久者容易变得迷恋秩序和流程。

人们都具有这四种特质。我认为自己是一个变化和亲近者，同时也有疏远和持久的特征。对新鲜事物的好奇心，希望建立联系和追求和谐是我身上额外突出的特质。我为什么要告诉你这个模型？非常简单，它使我们能够更好地了解为什么人们会停留在舒适区，很少去探索未知事物。

有些人需要更多时间来保持亲密关系并留下熟悉的痕迹。虽然变化者很容易融入异国文化，可对持久者而言不是那么容易。亲近者可以很快解决冲突，然后重归正常生活，但疏远者可能会花费几天时间去思考这些冲突。

每个人对待自己和世界的方式都略有不同，对我来说，人格模型既有助于我了解自己，也帮助我了解他人。当然，这些类型可能会诱导人们对他人进行分类，但也会让人们给予他人更多的理解和同理心。人格模型让我们有了一种大开眼界的感觉，并思考："哦！这就是为什么他或她的行为会如此（奇怪）！"

黎曼·托曼人格模型的这四种人格特征描述了每个人的舒适区，它的魅力在于，我们可以随时离开这个舒适区，进一步发展。例如，对我个人来说，这意味着也许我永远不会成为一个完全的持久者，但我可以注意到自己身上的特点（我总是亲切地称之为"奇葩时刻"，即就算厨房里其他地方是乱七八糟的，

也要把洗碗巾整理好挂起来），微笑着接受这些特点，也觉得
趣味横生。

↖ 同理心冲动

肯定结论：我经常尽可能地延伸自己的内心和外在的边
界，以便对世界拥有更广阔的视野。

★ 舒适区是我们熟悉和喜爱的所在。

★ 舒适区有时会把对世界的视野变得更窄，而忽略了外
面的其他事物。

★ 如果我的舒适区令我因别人的生活方式与自己不同就
评判别人，那么是时候离开或改变它了。

★ 黎曼·托曼人格模型提供了一种简单方法，以便我们
可以充满同理心地看待他人，并更好地理解为何他们的行为与
我们的不同。

★ 每个人对于他人而言都很奇怪。

★ 当我们敞开心扉，走出舒适区时才意识到，这个世界
是多么广大、精彩和令人兴奋，我们需要学习的东西还有很多。

一切的源头：恐惧

我们可以把所有这些同理心枷锁概括为恐惧的表现。恐惧吞噬着我们的灵魂，让我们在别人面前关上内心世界的大门；恐惧使我们在内心转向不信任、评判、自我为中心和怀疑。其实，解决方案只有一个，那就是爱。它开辟了一个新的空间，叫作同理心，在这里人们可以自由地，没有恐惧、评判和排斥地相处。在这个空间里，我们能够自信地展示自己和敞开心扉。

第三章

打开视野：

同理心加速器

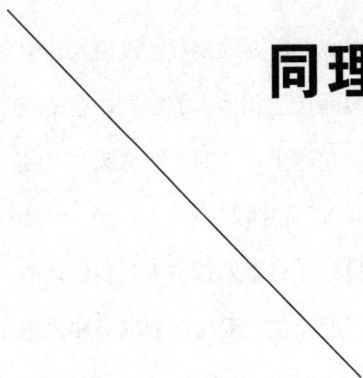

　　如果说因恐惧而做出的行为会使同理心的实现变得困难和受到阻碍，那么反过来，行为方式也可能会让同理心和同情心发扬光大。哪些行为方式会让我们的内心再次变得柔软，感知他人的感受，然后用充满爱意的方式去对待他人呢？我们如何才能让自己感知他人，同时使自身的个性保持平衡？我们能不能在生活中表现出同理心呢？

　　我相信，这是有可能的。但我们需要改变我们以自我为中心的特质，在内心创造出一个容纳自己和他人的空间，这个空间可以容纳不同的需求和态度。在这里，"对"和"错"已经不重要了，我们可以清楚感知到自己和他人。

　　我们在爱中找到了力量。只有在有爱的状态下，我们才能变得富有同理心；只有在爱自己的存在、爱自己的感受和思想的状态下，我们才能充满爱意地对待别人的存在、感受和思想。这里的爱并不是指我们在恋爱中体验到的那种激情澎湃的爱，更多时候它是一种普遍的感觉和态度，是我们观察世界的滤镜。

　　这听起来很容易，遗憾的是，事实往往并非如此。如今，我们习惯跟在恐惧后面，让自己的思想围绕着恐惧制造的圈子，大多数时候我们都会把这些想法和感受表达出来。但我们所表现出来的是僵化、固定的东西，我们根本无法融入他人的圈子。同理心越来越少，到最后我们失去越来越多的原本所需要的意义和价值，我们关心的只有自己。

　　要想和平共处，让自己回到充满爱的、内心柔软的状态很重要。别再坚持做看起来正确的事，不要做损人利己的事，别再一味相信对和错。

　　本章内容并不是复杂的同理心训练。它们是一种理念，如果我们培养和实践这些理念，就可以更加充满爱意和同理心地和自己相处。我曾经对这些理念进行过测试和教学，它们中的一部分来自直觉，一部分是在痛苦的学习过程中产生的。同理心也要求人们有向自己寻根究底的意愿，这就是同理心总是让人感觉沉重和不舒服的原因。

　　以下内容是对日常行为或思维方式转变的建议。

·适当暂停

　　在我看来，增强同理心很简单。但是，如果我们想要有意识地培养这种能力，偶尔也需要一点勇气。这种勇气是指敢于受到影响，勇于对一件事、一个场景、一个人产生感觉。

有意识的停顿，是指第一时间打开自己的心扉，改变对别人的感受。在产生这个想法后，我们就会真正地敞开心扉去了解别人。这个过程会让人感觉很痛苦、奇怪或不舒服，它让我们脱离舒适区，让我们用不同于以往的眼光来看待事物，因此暂停是有风险的。

在这个工业化的世界里，我们处于社会的喧嚣之中：一个个刺激来到我们身边，在我们真正消化之前，又有一个个刺激紧随其后。我们迅速地感知周围发生的一切，习惯了把注意力停留在表面上。无论是社交媒体还是现实世界，或是二者的结合，即接连不断的新闻、广告、影视剧，总之，无数刺激在不断地向我们倾泻而来。

因此，我们再也没有时间去领会感受，别人的感受反而会影响我们。刚才看起来很紧急的事情，立刻被我们这个伟大的、鲜活的、残酷的世界所覆盖。我们的感觉在不断变化中、在快节奏中交替着，变得筋疲力尽。在某些时候，我们的感情会变得平淡，只有在感知到什么的时候才会短暂地牵手，我们很少被真正触动自己的内心，因为常常没有时间。

因此，我们需要时间去沉默和放松，才能意识到正在发生的事情。在非常紧张、忙碌的生活中，我越来越容易忘记，只能勉强感知到朋友的困境，我不是一个好妈妈，和伴侣拘泥于对一些小事的争辩，手里一直拿着智能手机，只是为了不会错过什么，为了及时回复客户，为了给友善的同事转发一篇有趣的文章。不知什么时候，我发现自己越来越易怒、敏感，我有种感觉，无论在什么环境下，我都无法匹配自己的任何一个角色，因此，我渴望找回自己的中心。

我认为，"找到自己的中心"这句话相当不好。我们可以按自己的喜好来命名，大家都知道超负荷的感觉。如果这种感觉发展到了极致，我们就会把它称为筋疲力尽，这种情况下人只有反应而没有思想，几乎没有呼吸，感觉不到什么，就像一个运行良好的机器人，那么，这就到了该暂停的时候。我想起了由 The Supremes 乐队演唱的歌曲《停！以爱之名》。事实上，我们首先要暂停一下，才能让自己回到一个良好的、充满爱的状态。

我们是怎么了？在这种高度紧张的情况下，我们只能感知到世界的一小部分，也就是覆盖我们生活的那一部分，这一部分也是我们生存所必需的。我们无法再进入他人的情感世界深处，因为大量的刺激压得我们喘不过气来。人们越是闭目塞听，遇到的情景就越单一，交流就越变得以自我为中心，头脑就越变得无知，因此及时停止，让我们摆脱心灵过载的困境是很重要的。

暂停，然后呼吸。但是要如何做到呢？有很多方法可以打断自己着急和紧张的状态。有时候，我们需要朋友充满爱意（充满能量的）的推动，朋友会告诉我们"休息一下"，有时候我们也会意识到自己并没有活成最好的状态。

临场感身体意识

"要真正做到富有同理心，我需要和自己的身体建立联系，感知自己，如果我成功做到这些，我的思想和心灵就达成了统一。这种情况不会自动出现，而是在反复做决定后形成的，为此，我需要投入精力。" 克里斯汀·贡德拉赫（Christine Gundlach）是一名"格林伯格方法"的合格实践者，她引领咨询者进行对身体的感知。

其中最核心的是对气息的感知，人们可以在身体的不同部位感知到呼吸：胸腔、腹部、背部、侧腹，呼吸会根据每一次活动自动调整。当我快速走动时，呼吸就和轻松读书的时候不一样；当我害怕的时候，会猛吸一口气；当我晒太阳的时候，就会平稳地呼吸。呼吸是帮助我们摆脱头脑风暴、回归身体的绝佳手段，这样一来，就创造了临场感。

克里斯汀·贡德拉赫是这样解释的："当我与自己建立联系的时候，我处在自己该处的位置，做自己该做的事。随后我就有了临场感，也可以决定是否要与周围的人和环境建立联系。简而言之，我的注意力就在一个地方，即在我的身体上。在此时此地，让我的身体来说话，它可能会把这种状态描述为自然或简单放松，我从最务实的角度把它看作是自信。"

改善身体意识的格林伯格方法是一种大家还不太熟知的了解身体的方法，它能让我们认识到身体中的痛苦、悲伤和其他情绪状态，并化解这些情绪，重获清明、注意力或创造力等。格林伯格方法提出了与身体一起学习和了解身体的方法。克里斯汀·贡德拉赫说："我们的理念是支持人们使他们与自己的身体、自己和同胞之间的关系变得强大、富有创造力和有成就感。"

身体分辨不出精神痛苦和肉体痛苦的区别。对它来说，失恋之痛不亚于断了一只手所产生的疼痛，没有人喜欢经历痛苦。但要想保持行动能力，能够觉察痛苦对生存来说至关重要。从身体的角度来看，比如说刚才提到的断臂造成的急性疼痛是最重要的。我们把注意力完全转移到疼痛上，不逃避，身体通常会帮助其让疼痛消失得更快，大多时候我们忽视身体传来的信号和痛苦，往往也会忽视感受。

要想成功感知身体产生的感受，我们需要能量。比如，如果我们没有被要求这样做，却一直保持着友好的微笑，我们长期违背自己的感受，却没有解决实际问题。我们戴面具的时间越长，不去从本质上改变我们的情绪，那么我们的压力就越大，这种持续的压力造成了身体的阻塞。格林伯格方法、各种形式的呼吸训练和治疗，还有瑜伽、正念训练和其他许多以身体为导向的训练方法，都能帮助人们解决身体的阻塞。相关身体部位慢慢变得放松，被抚摸和被感知。只有当我们能够觉察到自己的立场时，才能再次表达自己的感受。

这样一来，我们就更容易对自己产生同情心，也更容易为他人着想。这不是通过思维，而是通过身体来完成的。克里斯汀·贡德拉赫将"表演"和"真正的临场感"区分开来："如果我不对外流露自己的情感，而是采用表演的方式，那么我别无选择，只能'思考感受'，而不是去体验感受。在这种情况下，是去重复已有的知识，或者预测未来。表演的次数越多，我就越能从中养成一种固定的习惯，这似乎在某种程度上也是性格的一部分。例如，或许是因为'我想被人喜欢'，所以总在与别人比较，因为'我被他人期望着总是或从不做些什么……''我在意别人对我的看法''我很害羞'，等等。总而言之，没有真正的接触，也没有机会重新认识自己和我的交流对象，我一个人在脑海里想着自己。"

我们都知道，这种"独自待在自己的世界"的情况并不是一个很好的同理心起点：我们体验着自我中心主义的头脑电影，草率地得出结论，遵循自己的信念，没有给同理心留立足之地。

对他人的开放性也在身体里产生。克里斯汀·贡德拉赫进一步解释说："如果我是开放的，我可以用我的注意力去'读懂'我的对手，这种方式获得的信息远远超出了肢体语言表达出的常识性信息。当这些现象发生在我们熟悉的人身上时，我们都可以感知到。当我们的伴侣身体不舒服的时候，即使他是去澳洲出差，或者是我们的好朋友谈恋爱而没有告诉我们，我们都能感觉到。对于那些我们不太熟悉甚至陌生的人，我们可以锻炼掌握肢体方面知识的能力，或者说去重新获取这些知识。"所以同理心是身体的知识财产。

冥想：关闭身体，打开心灵

对有些人来说，停顿意味着坐在冥想的垫子上，身体和精神都变得静止。幸好冥想已经成为一种时尚，提起这个词就不会这么尴尬了。冥想在一些圈子里是很好的活动，冥想艺术家们向我们展示了如何进行冥想，甚至推广不同的冥想方法，这种使人安静的活动越来越受欢迎。

当我们能让思维的旋转木马停止转动时，事情就会发生变化。但是，要实现这一点是需要努力的：大脑对思考非常热衷和执着，以至于常常需要力量来驯服这些想法。特罗告诉我们一句话："驯服你的公牛。"驯服你内心的公牛，因为想法就像公牛一般，这些想法希望被思考——而我们在头脑中考虑的东西太多，以至于很多事情已经不符合现实。

这就是必须让你的思想平静下来的原因。相反，当我们不思考时就不会错过任何东西！这些想法喜欢和自己作对，创造头脑电影，草率地得出结论，从一个场景追逐我们到下一个场景，往往最终会把我们引向这样一个结局：在这里，我们向别人索取同情，没有人会胡思乱想，但我们为了让自己变得舒服，不再质疑和检查任何事情的真实性。

埃克哈特·托尔（Eckhart Tolle）认为，是我们的想法导致了世界上大部分的痛苦，因为我们对这些想法的认同感非常强烈。他呼吁人们要保持距离地观察想法，不要太过于信任它们。他认为，如果我们不做那么多的思考、分类和评价，就会产生真正的临场感。

毋庸置疑，思想也可以产生很多美好的东西，帮助世界前进。在我们徘徊、挣扎、尽管找不到答案但还在继续寻找时，我们需要为自己建立哪怕是仅存一丝美好的地方，我们的大脑追寻的正是这里的一份宁静，我们需要变得宁静。

"进入沉默中，你会发现自己的思想变得清明。"

在过去的几年里，我了解了不同类型的冥想：引导式冥想（有人说一段文字并给出指示，这种形式往往伴随着轻柔的音乐），无声冥想（在这里人们只是沉默地坐着什么都不做），呼吸冥想（专注于身体的呼吸）和步行冥想（把注意力放在脚步协调上）。这些形式对我来说都有好处，但在某些阶段，相比于无声冥想，我更容易接受引导式的；在其他阶段，我更喜欢专注于呼吸。无论哪种形式的冥想对我们自身都有积极影响（除非我们有急性创伤或焦虑症）。

　　冥想本身并不是什么大事，我想我们不一定非得每天练几个小时才会觉得有好处，我们可以在任何地方进行冥想——如在公交车上、飞机上、两场会议间的间隔时间。冥想可以很简短，几分钟的时间足以让我们的思想停止流动，内心再次获得新生。

暂停

　　为了停下来，我们应该暂停自己对世界上所有潜在刺激事物的追求。要想有意识地打断自己，下面的行为可能对你有所帮助。

　　——改变待在房间里的位置。

　　——把手臂一侧的橡胶手环换到另一侧手臂。

　　——观察呼吸：我现在哪里在呼吸。

——深呼吸三次。

——听自己的声音和说话方式：我说话放松吗，还是慌乱的。

——调大音乐的播放音量。

——活动身体，做运动。

——感知身体的紧张感。

——仔细观察自己看到了什么。

——气味，闻闻房间里有什么气味。

暂停的目的是要再次回到此时此地，对此我能想到很多技巧。一行禅师（Thich Nhat Hanh）①，他是冥想导师、禅宗大师、诗人，在其《仔细诉说，认真倾听》（Achtsam sprechen, achtsam zuhören）一书中讲述了倾听有意识的行走和有意识的呼吸是有效交流的基本要求。

他还建议在电脑上设置闹铃，提醒我们暂停一下，回归自己本身。此时此刻，呼吸三次再笑一笑就够了，这个小小的中断又把我们拉回到了自己的身边。在这里，我们也可以关注自己的变化：每当电话响起，我都会直起身子，深呼吸一口气；每当走过某一扇门，我都会停下脚步，闭上眼睛；每当我意识到自己陷入头脑电影时，我会暂时停止思考。

---

① 一行禅师：越南僧人，在西方国家宣传"正念"。

↖ 同理心冲动

肯定结论：沉默，让我的思想平静下来，让我的内心长长
地舒一口气。

★ 暂停，对日常生活有很大好处。

★ 同理心需要成长的时间。

★ 身体帮助我们找到一个新的自己。

★ 注意自己的呼吸，打断自己的动作和想法。

· 神奇的时刻

暂停的妙处在于，我们有机会仔细看一看。我们按下"暂
停键"后可以检查一下自己内心的态度，暂时做一个不做评价
的观察者、内心的裁判。我们可以倾听内心的声音，在这里得
到最佳答案，但这只有在中断、停顿、感受和观察的情况下才
能做到。

奥地利神经学家、精神病学家维克多·埃米尔·弗兰克尔
（Viktor E. Frankl）曾经说过："人的自由在于刺激和反应之
间的时间。"诗人鲁米（Rumi）是这样说的："在对与错之间，

有一个地方，在这里我们会相遇。"在这个相遇的地方，我们可以与内心世界保持一定的距离，准备好用不同的眼光去看待事物，给别人的思想和感受一些空间，让人们真正理解对方。这一刻是神奇的，也打开了新世界的大门。这种思维方式，需要极大的开放性、创造性和渗透性。我们要敢于塑造自己的世界观和形象，并让自己被别人的想法感动，我们也要建立起信任，相信对方不会伤害我们，所以，我们要能承受得住脆弱。

当人们变得柔和时，他们的抵抗能力下降，我们就可以不带武装地直视对方的眼睛，从而使目光和思想真正的相遇。

例如，在激烈的争论之后，这种时刻就会出现。当我们奋斗过、挣扎过以后，当我们在边界线上撞破头，当我们受到伤害和羞辱后，这种相遇时刻就会出现。人们也可以将这个过程大大缩短，即：当我们不再处于防守姿态时，就很容易变得富有同理心。

在这个时刻，我们就会抛弃负面情绪，抛掉一切，暴露自己的脆弱，允许自己简单地做人，我们把自己的灵魂暴露出来，并邀请对方来审视。这种开放的状态使我们有可能对他人的意见产生兴趣，并且最终会去询问、倾听和理解他人的意见。如今我们处在一个以结果为导向的世界，有些人把这种柔软当作一种弱点。这是个误解：真正向别人及其想法保持开放状态，其实需要一种很强大的力量。意思是说，我们不要执着于自己对生活的想法和观念，而是要允许自己与对方一起成长，并在对方身上获得成长，我们现在也可以允许自己或他人对我们的价值观提出质疑。

当我们对自己的想法做到暂停、开放和了解，对感觉和思想进行分类时，那么同理心就能实现，从而让自己受到触动。

🢔 同理心冲动

肯定结论: 我已经准备好从思维定式和自动程序中走出来。

★ 创造尽可能多的神奇时刻。

★ 识别出自己的反应模式：评判和受伤害的想法就无法影响我们。

★ 固执己见是同理心的对立面。

★ 特罗说："有愤怒的地方就没有爱。"

★ "对"和"错"都不是好参谋。

• 思想改变方向

当我们停顿时，我们就会有意识地把自己从我们认为的对与错之事中抽离出来，也就是把自己从自我中解脱出来，从害怕做错事、害怕不够好或不完美的恐惧中解脱出来。我们让时间停止，完全置身于此时此地，敞开心扉去接受别人的想法，这样一个神奇的时刻就出现了。

听起来不错吧？然而，如果有情感掺杂其中，难度就加大了。虽然我是一名培训师，在职业中可以完全地敞开心扉，在大多数情况下，我可以很好地感知客户的感受，但在私人交往中却往往不那么顺利。

在私人生活中，亲近使我们更容易受到伤害，因而我们更敏感。没有人可以确信自己的想法一定对，在日常生活中，这种情况时有发生，这些会引发强烈情感共鸣的痛苦的经历，会在彼此交往中潜移默化地让我们陷入恐惧的状态，而我们并没有认知到这些。

假设两个人发生冲突：气氛紧张，内心焦灼，对立双方的矛盾似乎不可调和。那么，现在怎么办？我们继续假设你是当事人之一，如果你选择了同理心，首先要做的就是：

呼出一口气！

呼气的时候需要思考：我并不需要争对错！

然后感受自己的身体：你是如何站直的，你现在的姿势怎么样？简短扫描一下身体的各个部位，问自己：我身上的哪个区域在紧张？

我是不是握紧了拳头？我的额头上有皱纹吗？我现在处于什么状态？给自己确定一下等级：处于等级 1 的时候，你一点也不柔软，不能接收外在的信息，反而完全陷入自以为是的状态；处于等级 10 的时候，你可以最大限度地保持开放状态，以另一种姿态去面对。尽可能地试着放松自己，至少要接近一个较高的等级。有时候做一个自以为是者是会有乐趣，但是，我们应该知道，此刻的我们没有同理心，如果你觉得没问题，那无可厚非。但此时从我们自身的角度出发，你可能对自己的好斗情绪感到不舒服。

你需要时刻关注呼吸。呼吸有一种力量，这种力量能一次又一次地把我们带回当下。感受一下身体所处的状态，深呼吸。

当你能很好地感受到自己的身体，并观察到自己的呼吸方式时，那么你正在接近一个当下的状态，这个状态能让人与自己的观念保持距离。人们离开个人视角，会变得柔软，毫无保留地留在对方的身边。你现在进入一个空间，这里没有评价，没有谴责，没有恐惧，没有责备。现在，思想可以改变方向，它要求解决问题（针对冲突），如果思想改变了方向，那么在每一个大大小小的矛盾中都会出现一个小小的奇迹。可你现在的问题是：如何才能换个角度看问题？

　　这个问题体现在身体上。从人们的身上可以看到，是因为身体在变化：身体从防守的姿态转变成兴趣盎然、好奇的姿态。这是一个有意识的过程，我们可以每天练习，这甚至并不需要一个冲突事件，（至少）两个人相遇的情景就足够体现。你可以检查自己的状态：一个总是被设定为自卫模式，在充满恐惧的生活中奔波的人，就会被别人认为是不可侵犯、不可接近的。但如果我们决定和对方交往，就会打开一扇门，越过这扇门，我们就能和对方产生联系。

　　当我们具有临场感并了解一切的时候，我们可以问自己以下问题：

　　——这件事情是怎样的？

　　——接下来会怎样发展？

　　——还有什么别的办法吗？

　　——别人是怎么看待这个问题的？

　　——他可能说对的是什么？

　　——我受了什么影响？

　　——我被什么感动了？

　　——我看重的是追求对错还是开放地看待新想法？

　　思想的问题永远是：我们太相信自己的想法了。这样一来，我们的思想向我们展示的是一幅完全不公平的画面，往往对他人不利。允许你自己和你的想法改变方向，需要在强烈的意识下完成。

↖ 同理心冲动

肯定结论：思想表现在我们身上，也表现在关系上，要质疑其背后的真实程度。

- ★ 思想是可以控制的。
- ★ 思想不一定是真的。
- ★ 思想塑造了我们的世界。
- ★ 思想决定了我们的生活。
- ★ 充满爱意的想法是值得考虑的。
- ★ 应主动中断恐惧的念头。

· 宽恕

宽恕是圣洁的。

宽恕使宇宙聚为一体。

宽恕是强者的力量。

宽恕是牺牲。

宽恕是精神上的安宁。

宽恕和温柔是修炼自制力的品质。

它们代表了永恒的美德。

——马哈特玛·甘地（Mahatma Gandhi）

宽恕可以让人的内心在本质上发生改变：放弃过往，不再去想谁在什么时候说了什么。

如果我们对一个人心生怨恨，肯定是有原因的：我们要保护自己不受这个人的进一步伤害。有可能是这个人做过很多让我们感觉受伤害的事情，这就是我们在内心对这些伤害进行防范，并打上一个大大的红色感叹号的原因：注意——我必须到安全的地方去！

然后仔细地搜集和记录其他人的错误，就像在写一本评价手册一样。我们在这本手册中写进去了错误和伤害，并在某些时候把积累的所有内容脱口而出。由此形成"真理"，如"你总是这么做"和"和一年前一样，你又这么做"，这种行为肯定会伤害对方，而我们夺走了让他自行改变的机会，这样一来，这段关系就僵持在了那里。

当别人做了我们不喜欢的事情，我们可以选择：

——指出来（并共同寻找解决方案）。

——原谅。

或者两者都有。当然，我们没有必要把所有困扰我们的事情都说出来，因为我们常常会被一些小事困扰，长此以往会让人相当疲惫。但是，我们应该从根本上意识到，我们没有说出来的事物也是沉重的。

如果我们的重要需求没有得到重视，且我们没有告诉对方这件事对我们造成的伤害，那么，当我们和他再次遇到同样的情形而感到不愉快时，我们也应该表示理解。

但现在事情已经发生了，情况已经出现了，我们已经受伤了，该怎么做？

如果要原谅他人，我们需要内心里对自己友善。因为我们所怀的任何怨恨都会让自己陷入恐惧的状态，阻断了我们的同理心和幸福感。

从表面上来看，心怀怨恨可以保护自我，因此我们的任务是再次敞开心扉，并尽可能地研究对方的动机。为了原谅他人，我们可以改变观点，我们可以有意识地问自己，是什么原因促使对方以这种方式与我们打交道。也许我们会认为他人的行为与我们无关；也许在这种视角的转变之下，我们可以清晰地推断出对方的需求，让我们彻底放下自己的痛苦。宽恕就是让内心的平静再次产生，让他人待在他所处的地方。他可能处在这样一个地方，在这里他不了解我们的需求，优先考虑他自己的想法，也无法关爱我们，但无论对方现在身处何地，都需要我们放手，去原谅他。我们别无他法，因为其他一切事物破坏了我们的生活，让我们无法与他人分享这些思想深入的时刻。

学会宽恕自己

　　当然，缺乏同理心的不只是别人，我们自己也会犯错，伤害别人。我们对别人有什么样的感觉，对自己也会有同样的感觉，并细数自己的过失。小时候，我晚上在床上列出了一张忧虑清单，因为我在邻居那儿打坏了录音机，在其他邻居那儿玩耍时打破了灯——我没有勇气向父母承认这一点，并且有极强的负罪感。于是我晚上在床上告诉自己做了这些事情，让自己原谅自己，我希望在自己还是个小姑娘的时候就能懂得原谅自己。也许你还记得自己做了一些"错事"，并因此对自己耿耿于怀。

　　当我们因为这种自责而失去立足之地，认为自己所做之事就是自己的写照，情况就会变得很糟糕。员工因为自己在会议上说错了话而自责好几天；清洁工阿姨打碎花瓶，孩子踩踏了别人用沙子堆成的城堡，他们都会为自己的行为自责不已。我们都要学会原谅自己，这样才能再次认为自己是有价值的生命。

如何去宽恕？

宽恕的仪式有很多，特别著名的是夏威夷的宽恕仪式Ho' oponopono[①]，这是一种承认自己行为不当的宽恕仪式。这个仪式就是通过承认错误来带走破坏力的。如果你对这种宽恕形式感兴趣，可以在网上找到说明。

无论我们如何处理这个主题，首先重要的是，我们要放下过去的东西，而不是把它们留在我们身边。为了摆脱"怨恨"这个黏人的包袱，人们不要再把自己与过去联系在一起，因为过去的已经过去，我们应该活在当下。相信旧的"错误"，只是一种错觉，当我们把精力放在已经不存在的事物上时，既伤害自己，也伤害别人。

---

① Ho'oponopono：是夏威夷文，意思是"改正""矫正"，它是古传夏威夷深层心理治疗和转化人心的治疗医法。

↖ 同理心冲动

肯定结论：生而为人，孰能无错。如果对这些错误投注的关注比信仰更多，就会让我们变得冷漠和固执。

★ 宽恕与同理心密切相关。

★ 我们需要承认，总有人在过去或现在对事物的看法与我们不同。

★ 宽恕是指承认旧事是过去的幻象，是一种放手。

★ 宽容也意味着当我们犯"错误"的时候，要原谅自己。

★ 宽容，就是要放下这个人犯的"错"，只看这个人身上其他东西。

★ 宽恕意味着要愿意表达自己的需求，让对方知道他正在伤害我们。这样一来，我们就从他身上带走了罪恶感，告诉自己他并不了解我们的需要。

★ 今天，你想原谅谁？向着这些人迈出一步，摆脱旧的烦恼。

· 脆弱的时候

要想拥有更多的同理心，我们要缓慢而坚定地摆脱自己生命中建立起的保护壳。我们每天都会注意到同理心枷锁；我们尝试着改变它们；我们尝试着用更柔和的眼光看待世界，对我们的态度寻根问底。突然间我们意识到：我们支配自己，就像在自己的内心深处一般，而感觉自己变得更加脆弱。

我有两个很棒的同事：乌尔里克·舒尔曼和伊曼纽尔·科赫（Emanuel Koch）。我们三个人都是德国演说家协会的成员，在协会认识了彼此，久而久之，我们成了朋友，交流越来越多，交流内容也越来越深。我们注意到彼此之间有个共同点：我们不要求自己和他人完美，不需要那么大声地自吹自擂，不需要装腔作势地在舞台上夸耀自己的成功经历。

我们发现，面对生活中发生的事，我们有相似的反应，也有过非常相似的经历。我们并不完美，尽管人们从表面看来会表示怀疑：乌尔里克是一个知名的小说作家，伊曼纽尔是一个有能力的企业顾问，而我是获得博士学位的语言培训师。从外人的角度来看，我们完全可以为自己感到骄傲：我们已经成为所谓的"成功人士"。

但我们知道，这只是事物的其中一面，我们知道要花费多少精力才能到达成功的彼岸。最重要的是，我们已经明白了一件事，那就是：真正能引导我们走向成功的正是我们脆弱的一面，是我们的不幸和失败。我们决定在一个夜晚的活动中，将这种认识带到舞台上，晚会的题目是"我们如何真正地继续前行"。

那天晚上，我们讲述了在此前一直被忽视的事情：折磨了乌尔里克多年的神经性皮炎，我在音乐学校的"失败"，以及伊曼纽尔作为一个音乐家和作曲家的自我怀疑。我们的犹豫与拖延，我们的奋斗与失败，这一切让我们走到了今天。这些包含的不仅仅是我们光辉的成就，还有一切挫折和伤害。我们准备做美化型营销的反面教材——简历中的污点，是成功中历经考验的累累伤痕。因为所有这些所谓的困难，所有阻碍我们前进的东西，最终都帮助我们塑造了自己，让我们咬紧牙关走到了正确的道路上——而且这对每个人都是一样的。

通过那晚的演讲，我们实现了一个深层次的愿望。除了许多高调的人，我们也想见见那些低调的人，我们想和那些发现自己并不完美，并在舞台上佩服我们的这些人产生共鸣。我们展示了自己的脆弱，因此在柏林乌拉尼娅的那个夜晚，我们和很多人都产生了微妙的联系。

当人们表现出脆弱时，就会让自己变得脆弱。心灵作家兼演说家加布里埃尔·伯恩斯坦（Gabrielle Bernstein）在她的第一本书《精神瘾君子》中描写了一名"公关女郎"在声望中慢慢迷失自我，在药品和酒精中沉沦的生活。在这个阶段，她又找到了自己的精神出路，将沉迷于"沼泽"中的自己拯救出来。这条精神出路令人印象深刻，如果没有这个转折，肯定不会有一个好的结局。

↖ 同理心冲动

肯定结论：我的脆弱让我变得强大而更有辨识度。

★ 脆弱意味着不必再假装完美。

★ 脆弱意味着要承认出现的问题或受到的伤害。

★ 脆弱意味着不再害怕有人发现我们不完美的一面，反正它们总是存在的。

★ 脆弱就是承认人生是由起起落落组成的，无人例外——每个人迟早都会经历这种情况。

· 以同理心看待

当我们的思想改变了方向，不再去区分好与坏、对与错，那么，我们就可以用新的方式来看待自己和他人。我们可以像对待自己一样来对待他人，我们可以开始用一种不做评价的、友好的、无标签的方式来看待自己和他人，就像透过相机镜头来看世界一样。

除了关注对方的需求外，我们还可以训练纯粹的视觉方式，这往往能让我们从外在的角度去观察对方的状态。为了能够与我们产生共鸣，观察人的生理状态是理解的第一步。我们大致区分出四种可识别的生理状态，仔细观察就能看到。

——处于有问题的状态。这种状态的特点是人们改变了自己的姿势，把自己封闭起来，变得更脆弱，面无表情，皱着眉头看世界。

——处于有力量的状态。在这种状态下，我们可以看到，人们在不断地扩张，使自己变得更强大，使自己欢欣鼓舞，嘴角上扬，眼睛里闪闪发光。

——处于思考的状态。处于这种状态下的人会让人们为难，因为他沉默不语，目光投向远方，眼神空洞。这个人在思考，处于一种恍惚状态，他的思想是缺席的。这个人在内心深处寻找着答案、记忆和想法。

——处于混合状态。交流对象还不太清楚该如何处理这种情况，欢喜与不信任交替出现在他的脸上，至于他现在的心情如何，还没有一个明确的定论。

以上是四种基本状态，可以想象这里存在相当个性的表达方式。聪明的做法是融入同伴之中，研究典型的动作、情绪的起伏和表情，判断对方可能的感受。为了训练自己的观察力，我们可以利用艺术来训练自己。一切与舞台有关的东西，都让我们更加细腻地观察到人们的情绪起伏。此外，摄影、电影、舞蹈——所有这些表达形式，都可以使我们成为从灵魂开始清晰地观察人们的专家。

比如说，当我们在观看有关陌生世界、陌生文化、其他人及生活方式的纪录片时，我们可以更多地了解这个世界，但现在往往是：我们看到自己感到迷惑的陌生东西，我们把自己与其分离，并说"这和我没有关系"，我们的同情心也将变得是有限度的。

作家兼导演罗纳·冯·沃姆-塞贝尔（Ronja von Wurmb-Seibel）将这些行为中的某些东西隐去了。我以电视版的代言人身份参加了她拍摄的电影《真实的勇士》。之后，我和她聊起了她的电影，她和尼克拉斯·申克（Niklas Schenck）为这部片子打磨了两年半。她说，他们刻意只拍事件发生的环境中的人，他们把对事件的描述拍成了电影。这起事件本身是由档案录像记录下来的，因此，文件中只有很少的与事件相关的照片。

她解释说："当我们看到一些陌生事物的图片时，我们不会强行把它们与自己联系起来，这样一来它们对我们的触动就会减少。当我们听到'葬礼'这个词时，我们会想象自己的葬礼是怎样的，比起那些向我们展示异国仪式的照片，这些引发了更多的情绪，也让人有了更多的同情心，陌生感会分散我们的注意力。"陌生的画面、陌生的习俗、陌生的生活方式都是评判的源头。我们越是把某件事情看成是异类，就越会评判它。

　　所以，如果我们主动开放视角，通过眼睛去了解事物，我们能更好地看到别人的处境并采取相应的行动，只要我们不是盯着智能手机，在虚拟世界里漫无目的地乱逛。因为我们的目光更多地集中在这个世界上，而不是周围的人，所以我们对人的观察就少了很多。请不要误解我，智能手机也是伴随我一起成长的，我很难离开它，我没有谴责它，我怎么能谴责它呢！我靠它工作，在公交车上写邮件，看朋友圈里更新消息。但就在昨天，我又被人启发了：一位挂着拐杖的老太太在汉堡的少女堤（Jungfenstieg）①中间开始大骂："每个人都在看这些愚蠢的手机！"她说得没错！在公共场所无论你走到哪里，人们的目光都只盯着小屏幕。难怪我能看到的世界那么小！

　　当察觉自己对周围的观察变得这么少时，你会想"我都错过了什么"。我很怀念那对相爱的情侣，他们在公交车上一直盯着对方看；我怀念老夫老妻手拉手的情景；我怀念一个戴着鼻环的年轻女子为老人让座的情景；我很怀念那只在摇摇晃晃的公交车上摔倒的可爱小狗，因为它还不太会走路；我怀念我们文化的多样性；我怀念身边发生的一切，因为我之前不是以同理心，而是以自我为中心的角度去看的。

---

　　①　少女堤：汉堡市内的一处景点，曾经是散步的地方，如今已成为购物长廊。

我不想执着于这些被我忽视的事物，但我已经有了明确的决定：在公交车上，在去办公室的路上，我想看看这些事物。我想看看大家是怎么对待对方的，也想在遇到不公平的事件时为人打抱不平，想看看自己在什么地方可以为某人出头，可以实现我的价值。

如果我们一直小心翼翼躲在背后，我们就无法知道有人钱包被偷了，有人被威胁被排挤了。也就是说，我们无法干预。事后，我们不得不承认："我什么也没听到！"当然，这是一种简单的逃避责任的方式——我们什么也没听到。但同时，这也意味着我们的价值观有成为假大空的危险，因为我们拿走了信奉这些价值观的机会，所以眼睛需要多观察，耳朵需要多听！

前段时间，我和朋友在慕尼黑的一家意大利餐厅的露台上吃饭，我们心情很好，嬉闹着，玩得很开心。大屏幕上播放着一场世界杯比赛，气氛很热烈，饮料喝起来很美味。旁边的桌子上坐着一家人——一对夫妇及他们的两个儿子和一个女儿，和我们一样，他们也点了菜并等待着食物的到来。

过了好一会儿，大家都有了食物，只有一个儿子还没有，那位父亲开始坐立不安，他说话语气不好，声音越来越大。服务员连连道歉，并试图解释原因。点菜时出了问题，店内人满为患，出点差错是可以理解的。而这位父亲却认为自己应该还要大声一点，于是和服务员发生了争执，口头上威胁他，身体上也向他靠近——空气中充满了火药味，人们能猜到即将发生的事情。然后，服务员点燃了导火索，他给了那个父亲一记耳光。

毫无疑问，这并不是最好的解决办法。当然，此刻的父亲也变得暴躁起来，周围的人都围上去，想把他们两个人分开。饭店的老板出现了，把服务员带走，那位父亲又和家人坐了下来。其他人也掺和进来，都在袒护、谩骂、抱怨和威胁，老板回来道了歉，大家就平静地聊了起来，一家人吃完饭就走了。

服务员从餐厅里情绪低落地走回院子，他的额头上有一道伤痕。几位客人喃喃自语着不可理喻的话语，服务员一言不发，默默地清扫着盘子。过了一会儿，他走到我们身边，我说："我看到他威胁你，虽然发生的事不是很好，但我看到了事情的来龙去脉。"

当我描述这件事的时候，服务员的眼睛睁大了。一个面容憔悴的男人，光头，有着黑亮的大眼睛，拥有非常典型的意大利人的魅力。他站在我面前说："您是唯一一个这么说的人，您是唯一一个站在我这边的人，您愿意把刚刚的话告诉我的老板吗？如果这个人告我，您会在法庭上说同样的话吗？我知道我做得不好，但他威胁我，所以我点燃了这个导火索。"我和老板谈了一下，尽量安抚他，最终服务员保住了饭碗，也没有被控告——据我所知。老板很理解他，也很有人情味，因为服务员刚开始为老板工作，而他的妻子在接下来的几个星期内就要迎来他们的第一个孩子。

希望现在这个服务员通过已获得的第二次机会，学会控制自己的冲动。这次经历让我再次明白：对于"弱者"，如果他不用更大的声音去发声，那么人们就只看他想看的东西。如果我们试着像摄像机一样，以一种不偏不倚的方式记录下发生的事情，那么就可以客观地看到事实真相：客人生气了，服务员想解决问题，但客人不给他这个机会，还挑衅他并威胁他。

我们可以讨论下针对这件事的同理心解决方案，讨论一下是谁应该采取行动，应该怎样采取行动，重要的是：

当我们看到不公正事件时，我们应该采取行动。

当我们看到某人受苦时，我们应该采取行动。

当我们看到自己的价值观受到攻击时，我们应该采取行动。

我曾经在大街上置身于两个互相咆哮、几乎要打起来的好斗者之间——事情的起因只是为了谁应该先驶出这条街道。我曾经也被人欺负过，因为人们误以为我在遛狗时没有把狗狗的粪便收集起来。在后一种情况下，当有人看到某件事情，不假思索地立刻把它说出来时，以同理心去回应是一种艺术，比如说："您说得很对，我也在收集狗狗粪便，如果我踩到它们，也觉得很恶心。"用上述这句话来代替为自己辩解的话。

顺序是这样的：观察、分类、行动。

我们的个人经历越丰富，越知道如何对我们自己和环境做出反应，就越能看清并采取相应的行动。

↖ 同理心冲动

肯定结论：我用眼和心看待事物。我看到的世界越大，就越能理解人们会在何时采取怎样的行动，陌生事物就如同近处的熟悉事物一样可以触动我心。

★ 我能理解别人的感受。

★ 我可以练习着通过看照片、电影或剧本真正地看到并猜测其背后的情感。

★ 我之所以能采取行动，是因为我看到了事件。

★ 我可以磨炼我的眼光，根据我的价值观行事。

· 以同理心倾听

要想真正做到倾听当下所发生的事，不仅要用头脑去理解内容，还要用心去倾听对方没有说出来的内容，这对我们来说越来越难了。沟通中存在两个方向：我听到的是陈述的事实，还是一个人的需求？答案则根据相应内容有所不同。

陈述的事实一般内容清楚，几乎没有商量的余地，我们宣扬"真理"，并期望别人接受它。我们越是这样做，越是相信这些事情是真的，别人就越是把"傲慢""自恋""不屈不挠"等标签贴在我们身上。为什么会这样？为什么我们在事实层面上是正确的，会表现得傲慢？原因很简单：当我们认为自己的想法是对的，把自己的内心世界凌驾于别人之上时，却忘记了一个非常重要的同理心工具——倾听。被倾听的人会觉得自己被理解和被重视；被倾听的人可以自我发展，觉得自己是被爱着的。

冥想导师一行禅师说："用心、慈悲地倾听会让你更好地理解对方，从而滋养爱，倾听苦难的声音是理解和爱的重要组成部分。"

在倾听时，我们不要发表自己的意见，只需身临其境地去倾听。不去宣扬自己的看法，不去抠字眼，不去讲自己的故事——我们不需要做一切，只需要倾听，倾听能让我们理解对方。遗憾的是，我们往往没有花时间真正去倾听和理解。

非暴力沟通的创始人马歇尔·卢森堡也写过关于有意识地去倾听产生的力量。他是通过讲述一些大学老师的故事来证明倾听的力量的。这些大学老师学会以同理心倾听，从而提高了许多学生的学习成绩。老师们说："学生们越来越多地敞开心扉，向我们讲述各种干扰他们学习的问题。他们说得越多，就学得越好。虽然这样的倾听会占用更多的时间，但我们还是很乐意用这种方式。"

很多时候，我们的脑子里都在忙于自己的事情，以至于机械地去练习倾听，自己却没有付诸行动。当我们为他人带来这种关注和倾听的陪伴感时，就像下一场心灵的暖雨在滋润着他们。

所以，当我和好朋友通电话时，我经常会很惊讶地发现他对我上次电话里讲的内容记忆犹新，并主动提及。比如说，当我告诉他五天后我去哪里出差，往往当天我会收到一条短信，上面写着祝愿旅途顺利，这对我来说像一份礼物，同时也是一个惊喜，因为如今很少人能做到这样。这个朋友真的很擅于倾听，很记事，对我感同身受，即使他不在我身边。

练习倾听

我们每天都可以和遇到的人一起练习。我们也可以和自己练习，通过认真倾听自己的想法并真正认真地对待它们来达到练习效果。我们也可以换一种方式去练习真正的倾听，比如说，用音乐来练习。

音乐可以帮助我们变得更有同理心。音乐反映的是感情、困境、危机和转变，根据自己喜欢的音乐，可以有意识地听下面的内容：

——歌词

——歌声

——乐器

——节奏

——情感基调

当我们在开车或者工作的时候，经常会在旁边播放音乐。音乐可以影响心情，所以以这种方式享受音乐是很好的。当我们想有意识地花时间去训练倾听时，那么有意识地听这些内容对训练是很有帮助的：这首歌的歌词表达了什么？这首歌的情感基调是什么？

声音听起来如何？是粗哑、清晰、温暖、生硬、深邃、高、尖，还是柔和？这些声音激发了我的哪些感受，对我有什么含义？可以听到哪些乐器的声音？比如说，贝斯的部分，它表达的是什么？它是歌曲的主旋律，还是伴奏，或者是几乎听不到的？钢琴弹奏部分是要求节奏感强，动感十足，还是非常细腻？

我听到的是哪种节奏——这首歌让我变得激动，还是平静和放松？怎么形容这首歌的情感基调呢？这首歌是偏向沉静忧郁还是活力四射，是用忧伤感染我，还是让我在屋子里轻松地跳动？

比如，当我听音乐剧《毛发》中的歌曲时，我就会马上开始唱歌跳舞，而一些钢琴曲则常常能让我平静下来，让我感动。比如奇利·冈萨雷斯(Chilly Gonzales)的两张专辑《钢琴独奏1》和《钢琴独奏2》，让我感受到了一种美妙的忧郁。但是，如果我想做研讨会，这些曲子便没有什么用处。在重要和棘手的谈话之前，我经常听杰森·玛耶兹（Jason Mraz）的《蝴蝶》，因为这首歌让我放松，从而进入一个良好且充满力量的状态。阿斯特·皮亚佐拉（Astor Piazzolla）的探戈音乐引发了我的各种感受，我的脑海里浮现出这样的画面：疯狂的舞者，跳舞时情侣们的耳鬓厮磨，对爱人的悲伤思念……

当我知晓音乐的妙处后，就可以用音乐把自己和别人带入某种特定的状态。我可以练习仔细聆听，感知特点，可以让自己被感动——就像在和他人在进行私人对话一样。在这里，我也能"听"到对方说话时表达出的情感。

倾听需求

当我们倾听他人心声的时候，我们内心有滤镜会对我们听到的话进行过滤。正如之前提到的，我们经常会进行重要的区分，区分自己听到的是什么。

除此之外：我们听到的东西是否会激起自己的恐惧，也就是说，我们是否会把自己的恐惧通过滤镜进行解读，从而将事情与自己联系起来？

在工作中听取事实对达成一定的目标是很有益处的，此时过多的解释往往无济于事，反而容易助长误解和冲突。但需求程度和由此产生的感受常常被我们忽视，在我们并不真正需要它们的地方爆发。

在私人生活中，我们很难完全从事实层面去倾听。似乎男性更容易听到事实，女性更容易关注到需求，甚至是充耳不闻。

当我注意到有些话不是有关事实时，要么我就会倾听他的需求，要么我会听到我恐惧的东西。

例如，伴侣说他想花更多的时间在他的爱好上。在事实层面上一切都很清楚，我们可以从容地点头表示理解。在需求层面，我们可能听到的更多是：他想要自我实现和自主性，他希望维护"自我"，而不是在这段关系中牺牲自己所有的个性。如果我们能听到他内心的声音！在恐惧层面，我们听到的是：

他想少花一点时间陪我！救命，我们的关系有危险！

这种被恐惧支配的倾听方式我们就不需要多加讨论了。我们以这种倾听方式对待他人是正确的吗？不是的。我们采用这种倾听方式对自己是否公平，是否有好处？也没有。

让我们多检查一下我们所听到的东西，以及使用了哪些滤镜来看待事物。当我们的视野扩大之后，对待自己和同伴的方式会变得更柔和、更友好。

↖ 同理心冲动

肯定结论：认真倾听，然后培养"询问自己到底听到了什么"的能力，去听一些弦外之音。

★ 倾听能使我们掌控情绪和调节气氛。

★ 每天多次进行真正的倾听：我的左耳听到什么，右耳听到什么？我所处环境里的声音离我有多近？它们是怎么产生的？

★ 你今天的音乐听起来怎么样？是不是很有节奏感，充满了活力？是忧郁的探戈，还是一首感性的民谣？

★ 多播放你喜欢的音乐，它能影响你的心情，产生感觉。

★ 注意你用来倾听所有话语的过滤器。如果是恐惧过滤器，请立即打断自己和你的想法，因为这里隐藏着一个同理心死结。

· 以同理心表达

人们彼此交谈的目的是被他人理解和倾听。沟通对于任何形式的关系都是必不可少的。不管是情侣、朋友还是同事间的交流，彼此间的沟通决定了人们在一起度过时光的质量。

关于交流的文化、成功交流的方法，哲学和窍门成千上万，这也不是没有道理的，当然同理心在这里起着核心作用。因为我们常常粗心地与对方沟通，发出错误的声音，陷入表达的困扰中，一次次重复，互相攻击，然后再解释，在这些混乱中我们反复证明一件事，那就是自己是对的，人们满足了自我被倾听的需求。

事实和关系层面相互交织，人们采用私人的语言和行为，事态升级了：唯一真正有帮助的是反思自己，看看自己的沟通方式到底如何。我们什么时候该说出什么话，最重要的是，何物在何时对我们而言是重要的。很多时候，我们只关心自己，尽管是披着"我们"的外壳。"我们需要谈一谈"常常变成"我需要谈一谈"，交流的需求完全取决于我们。

接下来是长长的独白，在独白中展现的是我们自己的内心世界，目的是让对方最终能理解我们。我们要求对方给予同理心，但自己付出的同理心可能太少。由于接收能力有限，所以我们只关注自己，我们执着于输出，而没有真正去倾听对方的声音，像打断他人这样的失误并不少见，我们似乎知道他想说什么，而替对方把话说完了。

我经常遇到这种匆忙的情况，或者独白式说话的情况，我们很多人都会重复这种行为。那么沟通就会变得很累，很片面，要求很高，对话就不复存在了。在这里，语言表达就成了一种移情障碍。

除了倾听之外，我们可以通过以同理心表达来练习和加强我们的同理心。当我回想起自己曾经放任自己的情绪，对别人说一些无意义的空话时，我产生了异样的情绪。因为这种唠叨是没有用的，沟通失去了它的目的，而且根本无法让人产生同理心。

我曾经看到过一个关于印第安人的故事，这些印第安人有一个谈话的规则，每次发言后要等两分钟再回答。距离我看到这个故事已经过去很久了，所以我不记得这到底是在哪里发生的，但我确实记得这个规则让我很感兴趣。两分钟！如果我们试图遵守这样的规则，那么一次员工会议得需要多长时间？我想，这并不太实际。但这个想法和意图很可贵：以同理心倾听就是认真倾听。

怎么实现以同理心表达？

我认为，我们可以培养一种内心的态度，可以时常停下来并问自己几个问题：

这个对其他人怎么样？我说话的时候是不是在看他？我是在探索自己的内心世界还是在探索别人的？我是否把自己的内心世界凌驾于别人之上而不自知？以同理心表达意味着至少要意识到这些内心过程，并谨慎地说话。

一个行之有效的说话技巧就是所谓的转述。这也需要练习，因为单纯的转述会显得有些木讷。转述的意思是用自己的语言重复别人说过的话，例如使用以下句式"所以你认为……"或"我明白你……"或"所以你想接下来……"前提是要认真倾听。

通过这种方式，我们把听到的内容说出来，从而在谈话中建立起共同的基础。这又取决于对方的反应：我们有看到他很激动地点头同意吗？如果有，那么我们已经正确理解了他的意思（而且也很好地倾听了对方的话），因为我们在当下聆听了对方的话，这时对方可能会通过转述我们的想法找到解决方案。

表达感受

如果是我有心事怎么办？我认为谈论自己，表达出个人、脆弱的一面是很重要的。我曾经遇到过一个人，他在讲课中恰恰省略了那些关于感受的内容。他当时是这么说的："我们有一个新设备，每个员工都将在未来三周内接受培训，该设备将从第十五周开始承担全部功能。"

新设备到底是怎么回事？以前的设备确实让员工们很烦恼，这次更换新设备让大家松了一口气。人们由于害怕被大家看出自己的感受，而不敢把它表达出来，这样人们就在事实层面拯救自己，我认为应该把那些对大家而言显而易见的事物也表达出来，这一点很重要。

所以我对这番讲话的建议是："旧设备只会给我们带来麻烦，限制我们的工作。过去的一切已经结束！我们尽一切可能更换了设备。现在时间到了，我非常高兴地宣布，新设备已经准备就绪，请大家尽情使用！"在这里我们听到的是：首先明确提到大家都知道的缺陷，然后终结缺陷事物，最终对新的事物表示喜悦。

人们不但要说出沟通中的不足和错误，而且要立即询问未来的方向，现在有什么选择。在我们说话时，需要在这个岔路口做出选择：我是选择停留在缺失之物上，还是选择其他可能性？

听话听音

那么，要怎么做到以同理心表达呢？当我们说"听话听音"时，这个意思就很明确了。

从我作为语言培训师的角度来说，声音当然和同理心有很大的关系，因为我们的声音会引起很多情绪。打电话时，熟悉我们的人很快就会知道我们的感受。你知道吗？我们从声音中听到了情绪，我们也在一直传递一些我们可能根本不打算表达出来的信息。当我特别投入一个话题中的时候，我的伴侣有时会给我反馈，说我的声音听起来很任性。我当然不希望这样，所以从现在开始，我控制自己的声音。当我想以同理心表达时，这个发声控制过程是一个很好的媒介。首先我得先听自己的声音，对声音进行感知和分类，然后根据自己的目的进行调整：我现在到底想要怎样的声音？

当然，在情绪激动的时刻，要想压低声音是很难的。我们知道，在难过阶段（直到情绪消退，我们可以重新清晰地思考的时期），我们还不能全面地开发自己的理智。但这时，竖起耳朵，调整声音就显得很重要。我们可以把"声音"想象成一个大型的调音台，上面有几个可以操作的按钮。

这些调节按钮彼此间紧密联系——如果我们改变其中一个按钮，其他的也会发生变化。为了让大家更容易理解，我们可以想象着自己的声音听起来充满爱意。让我们的声音听起来就像对孩子温柔地说话，在读童话故事，或者安慰孩子一样。

为什么会有帮助？在我们充满爱意地说话时，声音的语调是柔和而流畅的。气息缓缓流动，声音听起来温暖而饱满，伴随着悦耳的旋律响起，而且这种充满爱意的语调会影响你的用词。所以我们如果用这种态度说话，就不容易使用粗俗的语言，这样的态度反而会使我们的声音听起来很愉快，情绪高涨。

用心地运用声音可以产生一种情绪，并且能够产生同理心，当然有时也需要充满能量和兴奋的语调。

用心地跟自己对话

最后的一个要点是：如何与自己对话。你有没有注意到我们在语言上对自己的态度有多差？"我这个傻瓜，我把包忘在楼上了！我真傻！""我又胖了，真讨厌！""我又搞砸了，我永远都找不到男朋友！"

我经常意识到自己在一些不可思议的消极状态里自言自语，这样做很累，也不能使我们变得自我爱护或自我同情。尝试下面的语句会更好："我忘了带包！不过没事，再爬一次楼梯能让人保持健康！""我想我已经走出了自己的舒适

区。当我再次开始锻炼时，我已经开始期待起我的新生活感受
了！""可惜没能和前任在一起。我希望他幸福，也希望我在
和下一位伴侣在一起时会更好地照顾到自己的需要。"

你能看出这两者的区别吗？同样的情况，内心的沟通方式
完全不同，请你也以一种欣赏、积极的态度跟自己对话！

↖ 同理心冲动

肯定结论：我的语言就是能量，我时刻都在决定自己想要
体现出哪种能量。

★ 你的沟通方案是什么？哪些策略屡屡失败？那么是时
候改变它们了！

★ 我是用哪种内心的态度来谈论别人的？我贬低他人是
为了抬高自己吗？我怎么形容他们？我用的是什么词？

★ 当我激动地说话时，我的声音听起来怎么样？

★ 当我轻松而充满爱意地说话时，我的声音听起来怎么样？

★ 现在我想让自己的声音听起来如何？我想让全世界听
我这样说话吗？

★ 什么时候不说话比较好？

★ 我谈论的是缺陷还是潜在的可能性？

★ 如何跟自己对话？犯错时，如何充满爱意地跟自己沟通？我也会用同样的方式和别人说话吗？

· 以同理心写作

对于很多人来说，写作是一种表达自己的方式。无论是伟大的文学作品，还是平庸的八卦杂志，文字对我们来说是有价值的，能引发感情。在网络时代，沟通有了全新的意义，社交软件一点一点地取代了写信，给语言带来不容小觑的后果：我们的人情味变得越来越淡，经常使用缩写，在最坏的情况下，信息接收者只能站在信息的洪流中，独自面对自己的情感。

虽然我很喜欢使用，也欣赏这些社交软件，但我不得不承认，对话的质量已经改变了很多：人们用打字的方式来代替打电话。在这里所谓的表情符号已经成为不可或缺之物，它们发挥着表情达意的作用，如果缺少了这些，一条短信就会有不同的解释，因为缺少了一个重要的信息——感觉。我们平时在说话时可以听对方话中的情绪，或者从对方的手势、面部表情、身体的紧张程度中感知对方情绪，而短信息只能通过纯文字来传递信息，缺失的情绪被那些五颜六色、有趣的表情所代替。如果大家彼此间很熟悉，看到对方信息时，就如同听到对方说

话。如果友情或关系出现了裂缝，一条短信息可能就很难解释
了。另一方面，我也得出了这样的经验：在某些情况下，写作
的方式更有助于解释冲突，因为我们可以重新阅读以及思考我
们所写的东西，声音中体现的情绪波动就会消失了。

　　无论我们用这个新媒介做什么，都要认识到我们必须非常
有意识和谨慎地使用它们，以免危及关系或友谊。

　　更详细一点的方式是电子邮件。虽然它在 20 世纪 90 年代
还是很麻烦的（那时我必须开车到大学的计算机中心输入复杂
的识别码，然后才能读我的邮件），现在已经非常普遍了，联
系变得简单快捷。如果想要做到以同理心写作，这里就潜藏着
一些人们想要避开的绊脚石，具体指导可以在各种课程和书籍
中找到，这里不再深入展开。对我来说，重要的是改变视角，
问自己：他需要什么？他是否需要我简明扼要地传达事实信息，
或者说需要的是一种关系层面的东西？那个人的接触是否很重
要？私人背景有作用吗？往更深远考虑：我的风格是怎样的？
有必要加一两个表情来表达我的意思吗？

　　在这种数字化的交流形式中，有一个点我个人认为很重要，
那就是标点符号和拼写。例如一句"你过得怎么样"和"你过
得怎么样？"在我看来有不同的意义。第一个没有问号的语句，
在我（一个听觉很灵敏的人）心里产生的感受和带问号的句子
截然不同，可能不是每个人都能理解，但有的人可以从内心里

听到这些语句所表达的情绪。

拼写也是一个让人印象深刻的问题，我经常在方面受到刺激：难道我们都不看自己发的东西了吗？我经常收到受过良好教育的人发来的信息，其中文字缺失、句子结构错误的问题比比皆是，尽管也有自动更正模式。现在虽然还不是很严重，但如果积累起来，每个人彼此相处时就不知要多么小心了。

这就又回到了临场感这个问题：短信息和邮件经常随时随地就能够写成，所以我们时刻都在准备回复信息和邮件，如果我们不立即回复，就会被淘汰出局。我在年轻人身上观察到了这一点——必须保证在任何时候、任何地点都要在线。但是说实话，虽然成年人的耐心或许比孩子们多一些，但这种随时准备沟通的感觉并不让人感觉有多好。

在线写作

我们在哪里写？当然是在社交媒体上，以帖子、评论、回复评论的形式，在群里和微博里写作。这也是让我常常感到窒息的地方，我相信我们现在之所以缺乏同理心，在很大程度上也是受社交媒体影响的。看看这些充斥着无以名状的憎恨和嘲讽的评论！在这些评论里，人们将仇外心理公之于众，人们被怀疑、被揭露错误，这些方式毫无羞耻之心！素食者被肉食者嘲笑，肉食者被素食者嘲笑为"食尸人"。我在想，我们会不会当着对方的面说这些话？如果我们还有一丝体面的话，也许并不会。当同事因为涉嫌损害市场而被公开曝光时，情况也变得非常压抑，没有人能想到，自己在公开场合发牢骚就打破了规则。

非暴力沟通的主张者谈到语言被分成两类：一类是对他人使用攻击性的暴力的语言，另一类是谈论需求和感受的语言，即非暴力语言，并且他将这两种语言进行对比。后者可能会被一些人谴责为口是心非，但它根本不是。说到底，就是不要让别人为你自己的感受背锅。最重要的是，不要攻击和排挤他人，但是在社会媒体上发生的事情却恰恰相反，这常常让我感到震惊。我们生活在一个这样的社会里，在这里似乎说别人坏话就能得到很大的满足。但我坚信，当我们不再一直掠夺他人，进行攀比，追究责任时，就会找到内心和外在的平和。但我还想提到的是，在社交媒体上，当然也有一些能让我们心跳加速的正面的声音和评论，但总体上，人们还是觉得很难负责任地看待这个媒介。因此，有一个问题很重要：我在这些媒体上写的东西会对一个人（或许多人）有什么影响？

写信

谈到写作，这里不得不提一种媒介：书信。恋爱之初，我
的伴侣给我写过一封真挚的信，信的纸张很好，字迹也很漂
亮——我如获至宝般地保存着它。当然，我们的地下室里还有
成捆的情书，我一直保存着它们，久久不愿扔掉。在信箱里发
现最亲爱的人写的信，那是多么的美好和让人激动啊！例如从
我奶奶那里收到信。在我十岁、十一岁的时候，我和奶奶互相
写信。她用花体字写下她的遭遇，我用孩子的笔迹写下在学校
发生的事：我们的腊肠狗做了什么，我的朋友是谁。当邮箱里
有奶奶的信时，我总是能开心好几天。

写信意味着：选择一张纸并准备好，拿出一支好笔，直接
坐在桌前，写下第一行字。慢慢思考和书写——我到底想表达
什么？在纸上画上美丽的曲线，设置段落；在段落下放置一个
签名，也许可以画一些装饰图案；在信封上面贴上邮票，小心
翼翼不留一丝折痕地把信送到邮局或邮筒。当我完全坠入爱河
时，我可能还会在信封上亲吻一下。

这种方式表现的是一种令人陶醉的重视，在此人们倾注了
全身心的陪伴和关注。

写日记

　　另一种以同理心写作的方法是写日记，我喜欢翻阅以前的日记，追溯过去的思绪。

　　我喜欢看女儿全神贯注写日记的情景。我也为自己重新找回了写日记的感觉，并发现它是梳理和架构自己思想的绝佳渠道，可以让我明白自己现在的感觉。之后，我感觉到如释重负，仿佛经历了一场酣畅淋漓的谈话：灵魂已经表达了自己，找到了自己的位置。

通过写作变得有创造性

　　朱莉娅·卡梅伦（Julia Cameron）在她的《创意，是一笔灵魂交易》一书中提出了一种重新寻找自己创造力的方法，她鼓励每天早上起床前至少写三页纸。她说："你也可以一直写，直到'什么都想不起来'，直到创意的激流被引发，思想真正流淌到纸上。"这句话我已经实践良久，也因此发现了我们的创造潜力是多么惊人。另外还有非常具有启发性的创意写作课程，我参加过作家哈里特·格朗德曼（Harriet Grundmann）的好几项课程，现在我的书架上还躺着一本笔记本，里面装满了困惑、有趣和悲伤的故事。有时候，我翻着它，惊讶于从大脑里流淌出来的想法。在上哈里特·格朗德曼的写作课时，我就发现：在人们对思绪放任自流时所写下的内容，往往让人非常惊讶。

· 以同理心阅读

如果我们以前读过很多东西，就能写得更好，阅读鼓励我们树立自己的写作风格，扩大我们的词汇量。最后要提到的是，在阅读时，我们会沉浸在其他人的感受和思想的世界里，沉浸在英雄的冒险中。阅读是我们在日常生活中扩大同理心范围的重要途径。

在大学期间，我读了很多犯罪小说，最著名的是伊丽莎白·乔治（Elizabeth George）的小说。当我正沉浸在一个诡异的谋杀案中时，可能会在坐地铁时假想自己对面坐着的就是嫌疑人，有时太沉迷于此，以至于忘记去学校而直接坐到终点站。书籍和故事吸引着我们，将我们带入另一个世界，扩大我们的内心世界，塑造我们对世界和人类的看法。

比如几年前，我特别迷恋瑞典作家凯伦·福苏姆（Karin Fossum）的犯罪小说《哈里特·克罗恩谋杀案》。在这本书中，视角从叙述者转变为凶手，我体验了谋杀者的内心活动，经历了怀疑、挣扎、恐惧和逃避的多种复杂情绪，经历了对周围人的仔细观察，对报纸的研究和对痕迹的掩盖。当他差点被抓的时候，我自己也心有余悸，我几乎是希望他能逃脱——因为我已经对他产生了同理心。我知道他的想法和感受，所以尽管他犯了谋杀罪，但我还是在某种程度上喜欢他。我觉得这本书很吸引人，因为它恰恰使这一切成为可能：我和一个做了坏事的人建立起联系，因为我沉浸在他的思想世界里，以某种方式在他身上找到了我自己。

那么这意味着什么呢？这意味着：即使一个人再奇怪，他的行为再不可理喻，我也有机会在一定程度上对他及他的动机施以理解。这就是文学的作用：它发散了思维（启发了头脑），创造了以前不存在的可能性，使我们不再谴责人们本身，而是质疑他们的动机和行为。作家乔斯坦·贾德（Jostein Gaarder）在接受《汉堡邮报》采访时说："我认为一个经常读书的人根本不可能是一个种族主义者。"

众所周知，阅读是有教育意义的。很显然，阅读塑造了世界和人类的形象，它定义了一个人的价值观，它可以带给他更宽容、更有同理心的生活。我觉得这很好。阅读也可以锻炼我们的口才，让我们沉浸在丰富世界中，了解人类感情的多样性，让我们自己更加充满同理心地去写作。读书可以拓宽视野，从而扩大同理心的范围。最后一点是，它教会我们通过别人的眼睛看世界，检查自己的标准。

↖ 同理心冲动

肯定结论：我对感受进行描写和阅读，是为了得到更多机会去了解自己和他人的感受。

★ 写作能诠释灵魂。

★ 手中的笔比电脑键盘更能表达内心感受。

★ 我能以同理心去探究在纸上和屏幕上出现的话语。

★ 互联网不是一个无同理心之地，人们也会进行阅读和写作。

★ 给别人写信，感触最深。

★ 阅读扩大了同理心的范围。

· 以同理心去爱

这一节在书中比较靠后，但是在我们的生活中它是人们关注的核心问题！这里涉及浪漫的爱情，在亲密的爱情关系里表现得真正富有同理心是相当困难的。从古至今，爱情都占据人们关注的中心位置，几乎没有其他事物能触动我们、占据我们内心这么多。

爱：爱是一场游戏，当你击败你的伴侣时就会陷入彻底的迷失。

——罗恩·克里兹菲尔德（Ron Kritzfeld）

但在爱情出现之前，有几个步骤需要掌握。网络交友如今走在了时代的前列，以前人们通过聚会相识，而如今则是在网上的单身交流会上。在遇到现在的伴侣之前，我自己也在那里活跃了好一阵子，所以我可以很有底气地说：在网络交友中，同理心是很稀有的。遗憾的是，就在那里，我们希望以现代的方式获得认可和善意的地方（别说爱情了！），出现了一些罕见的现象，这大概只有在相对匿名的网站中才可能出现。人们应该也知道一些不同的网站，在这儿有可能遇到一些富有同理心的人们。

免费约会应用程序可能声誉最差：大多数人认为会在那里快速找到乐趣。由于有人不想坚守承诺，但还是时不时地寻求亲近，这样看来也符合人们的普遍认识。但我知道有些人在那里坠入了爱河，包括我在内，有很多很棒的人在这里玩耍。关于爱情有一句座右铭很特别：相信自己的直觉。如果一个人从一开始交流时就寡言少语，没有表现出什么口才，更没有值得赞赏的言论，那么他很有可能也会用这种方式进行口头交流。诚然，也有人不那么喜欢写作，但亲爱的——都是为了爱情，你可以花点心思啊！所以，听从自己的直觉是个好主意，第一印象往往是真实的，而这也适用于其他所有平台。理想中的伴侣，从来不会是立刻写一些长篇大论以批评性的文字来形容前任，或者是使劲污蔑他的人。从直觉来看，我们会说：有人还没有准备好去做出承诺。

这里也涉及"魅影"现象——当人们在经过反复书写之后又再次消失，而不解释原因。这种现象真的很奇怪，而且没有一点同理心。人人都希望被他人看到，尤其是在寻找"那个人"的过程中。当我们和某人建立联系后，离开时需要和他道别，也需要对这段美好的关系表示感恩，这只是一个礼貌的问题。

尽管如此，里程碑式的"第一次约会"又决定了事情将如何继续。我们女性并不容易：女士可能会愿意自己掏钱，愿意被奉承，让人帮忙开门。你应该想想她是否想让我帮她穿上外套？在这里表现出同理心并不简单，作为一个男人，你该如何与她相处？

现在的女性当然可以自己做各种事情，不再需要被过度保护，她不需要任何人来保证她的地位。但是，浪漫与绅士行为是每个女性都喜欢的！我自己也可以做各种事情，但我真的很喜欢被男士呵护。探讨绅士的边界可能需要一点同理心，但这几个具体问题应该可以很容易被界定。

和毫无同理心的人约会意味着：

——只谈论自己。

——谈上一段感情。

——表达强烈的批判。

——总是打断别人。

——把约会交往的平台弄得一团糟。

——（独自）喝得酩酊大醉。

——播散消极情绪。

——"查询"对方的资料，再把这些信息谈论一遍。

这只是我在寻找伴侣过程中遇到的几点问题。我的一个女性朋友曾经在酒吧约会时被人大骂，以至于她匆匆离开了这家店，惊吓过后需要喝一杯威士忌压压惊。所以也有可改进的可能性……

带着同理心约会意味着：

——选择一个好的约会地点。

——自我介绍一下。

——提出感兴趣的问题。

——想要了解对方。

——倾听对方。

——强调共性。

——发展自发的想法。

——如果你想再见面，要明确地发出信号。

现在有很多关于交友的指南，甚至还有问题目录，人们可以根据问题目录和对方谈恋爱。你可以在谷歌上搜索"爱情36问"，在这些媒体圈子里有一件事我们不应该忘记，那就是它总是关于感情！如果人们实在与对方无法建立爱情关系，以同理心去拒绝他人也是可以接受的，另外对他人为这段约会付出的时间和精力表示感谢也是很好的。

坚持自己的感受

如果你当时对对方有兴趣，我建议你表明自己的心意，我对这种按照"老规矩"，三天后再联系的行为不以为然。这在一开始就预示着有一定的距离，让人产生一种"你不会那么容易得到我"的感觉。大家认为男性都是猎人和收藏家，如果人们把自己当作一个太容易得到的猎物，回家后马上就发信息，就会显得很需要别人，这是这个说法的道理所在。

另一方面：为什么不呢？当你真实地表达你认为好的东西时，难道不是每个人都会喜欢吗？我完全认同这句话"当我感觉良好时，我会让你知道！"因为诚实最为持久，我不想耍手段，这对谁都不公平！如果我约会时再遇到尴尬，我一定会把自己的想法和感受说清楚。人们很自然地会以同理心去猜测对方是否也有同样的感受，如果人们感受到了正能量：为什么不把这个也说出来？

如果我让对方坐立不安，我就会表现出距离感。如果我们现在让关系进一步发展，那么"亲近""疏远"这两个因素往往对一段关系的成功与否起着决定性的作用。这两个处于极端的因素产生的冲突影响着大多数关系，往往会出现这样的情况：双方中的一人更渴望自主性，从而可能使另一人的需求没有得到充分的满足。一方希望得到更多的亲近，却得不到或只是很有限，此时，冲突已经埋下了种子。这时另一方需要非常小心地对待和关注对方。因为对方的这种状态是受幼年时期很深的依恋模式影响的，缺乏亲近感会让某些人感觉受到威胁，也会出现缺乏自由空间，即缺乏距离的这个问题，因为疏远者属性的伴侣会感觉到，好像追寻亲近感的一方切断了他的呼吸空间。

亲近和依恋

作家阿米尔·莱文（Amir Levine）和蕾切尔·S.F. 赫尔勒（Rachel S.F.Heller）在《关系的重建》一书中描述了三种以不同方式组合在一起的依恋类型：焦虑型，安全型和回避型。当我读到这本书时，才恍然大悟，过去的关系突然变得清晰起来，我可以更好地了解自己并发现，为什么过去我和我的伴侣会以某种方式分开。

可以想象到，安全依恋型者是最轻松的。他不容易陷入过度解释，善于表达自己的需求，也善于倾听对方的需求并满足其需求，而不是总感到被冒犯。他善于处理冲突，并且与自己相处融洽，他不会使用把戏，没有拖延战术，没有捉迷藏游戏，言语清晰，性格安静而自信。这是非常可贵的！现在许多人可能会问："这样的人在哪里？我能遇到他吗？"我们清醒一点吧！

焦虑依恋型者往往是故事的主角，他被害怕失去的焦虑折磨着，他想和伴侣融为一体，他想和伴侣一起做任何事情，他想满足自己的生活和需求，只是为了得到他想要的亲近感。换句话说，他本质上需要的就是亲近感！如果这种类型的人得不到或只得到很少的亲近感，他就会失去保障，变得没有安全感。

回避依恋型者跟恐惧依恋型者处于对立关系，因为回避依恋型者要确保自己的自由空间，做自己的事，不会和伴侣一起参与重要决策。他不擅长解决冲突、表达自己的需求，对亲密关系的强烈恐惧使他一次又一次地表现出矛盾的态度，找借口避免和他人接触。回避依恋型者通常是独来独往的。亲密感被他视为威胁，因此他会尽其所能避免这种情况。

当焦虑依恋型者遇到回避依恋型者，是很折磨人的！我读到这句话的时候就能感觉到！并且我再次认清了这样的关系：在生活中我有好几次都遇到焦虑依恋型加回避依恋型的关系。不用说，这些关系都没能成功，但人们却一直在不断地掉进同一个陷阱。我的建议是仔细审视自己的需求，检查自己的依恋类型，保持真实的自我。

以同理心对待自己，认识自己的需求并敢于听从需求，就能挽救这样的关系。进行清晰理智、充满尊重的沟通，意识到我们都被自己的依恋类型所影响和追逐着。在这种情况下，我建议在练习清晰明了、充满尊重的沟通时，要参照安全依恋型的例子，并对其进行分析：我刚刚对我的依恋系统分析出了什么，接受，回避？安全依恋型在我这里会有什么作用？

人们应该站在感觉这一边。这样可以挽救一段疲惫的关系，也可以省去很多心力和练习。以同理心去看待，不仅可以找到我们自己的边界，而且可以明白伴侣的边界在哪里，我们应该看看我们的共同点是什么。当我们看到伴侣的需求与我们的不同时，问题就来了，我们如何在关系中处理它？我们是否真的与对方产生了共鸣，一起找到了解决方案？最重要的是阐明情况："现在我们的需求不一致，如何处理？在哪些地方你可以向我妥协，我可以满足你的哪些需求？我能为你做什么有益的事？"这就要求人们对自己和伴侣高度忠诚。不过很遗憾，有时候需求根本无法统一。

盖瑞·查普曼（Gary Chapman）的《爱的五种语言》也体现了对同理心的追求。根据自己作为婚姻情感治疗师的实践经历，他在报告中称：每个人表达爱的方式都不一样，由此会产生很多误解，因为我们常常错误地认为，对方也要讲我们惯用的爱的语言。这里涉及的关键点是内心世界，有时候我们很难离开它，去了解别人的内心世界。

这五种爱的语言是不同的。如果一个人想度过一段美好的时光，可以用这种方式来表达爱。如果爱是通过赞赏的语言来表达的，那么对方就是幸福的；如果有人得到了一份礼物，那么他就会感觉自己是被爱的。有人想被抱在怀里，他喜欢身体的接触，当然也可以是单纯的表达帮助和爱意的语言。

当我们观察这些可能性时，就会发现，它们中蕴藏着维护爱意的全新行为。只是因为伴侣的表现方式不同，没有认识到我们的需求，但他本身不是一个坏的伴侣。我们需要一个辅助工具，目的是能够真正做一些可以强化关系的事。所以，如果我们知道一段高质量的相处时间对伴侣的重要性，以及他表达爱的方式，那么就很容易接受对方。另一方面，如果获得认可对我们很重要，如果伴侣经常告诉我他喜欢和我在一起，那么也可能会有帮助。我认为这并不难，它能让伴侣们走到一起，有助于以积极的态度看待更深层次的问题。起决定性因素的是，我们承认这种差异，并尝试学习对方的语言。

我还跟特罗谈论过爱情和关系，他告诉我，恋爱关系中至关重要的是如下这些：

同理心在一段关系中是非常重要的。同时我们是找寻者，我在寻找答案，我试着去理解：我们对彼此有感情，但往往不够。

对于一段成功的关系，我们需要四种品质：

1. 同等的信任。这包括相等的权利，如果给彼此同等的信任，就不会出现误解。你就不会产生不信任，因为你有信任的基础。如果你信任他人，你的情绪将更加稳定！你又怎么会被骗？有人做错了，这就是他的问题，他的因果报应。你将其视为欺诈，但是你足够聪明，可以管理自己的感情。记住，你永远不会被骗！你有自己的信任，这不能动摇。另外，不要相信别人怎么说你的伴侣，而是相信他。

2.同等的道德和纪律。至于你如何管理自己语言和行为，如何应对挑战——大家应该一起努力，应该团结一致。

3.同等的付出。有时候，你必须为你的伴侣放弃一些东西。比如你喜欢吃比萨，你的伴侣更喜欢吃咖喱，或者反之，试着为你的伴侣放弃一些东西，一些小事情，会让你的生活有一个大而宽的空间。尽管你的伴侣偶尔会生气，大喊大叫，但他还是你的伴侣，他不是贼，不是一个做了大错事的人。你要有耐心，因为他现在很情绪化，没有人是百分之百正确的，他现在不能表现得更好了，他正处于困境中。

4.同等的理解，同等的理念。有相似的世界观很重要，这可以让夫妻之间更容易理解对方。

成功的婚姻，夫妻必须具备这四种素质。

他对我笑了笑，来回活动了下脑袋。当我们谈到冲突和分手时，他说："千万不要相信自己是对的，你的伴侣是错的。一位男士来找我咨询，他想离开家庭和妻子。他们有三个女儿，分别为二十一岁、十六岁和六岁。他听着我的话，愿意向我学习一些东西，听从我的建议。谈话时长是九十分钟，他首先花了二十五分钟抱怨妻子。我最后问他：'你确定你从来没有对你的妻子做过什么错事吗？'他说：'我给她钱，做这个做那个，我觉得我做的一切都是对的！'

　　"我问他：'你多长时间出差一次？'他说他不常去其他国家，但每周在德国国内出差两三次。我让他想象一下角色的转换：如果让他照顾三个孩子、做饭、打扫卫生会是什么样子。我问他：'你会有什么感觉？'

　　"'哦'他摆了摆手，'我肯定能处理好的！'

　　"过了一小会儿，我看到他的变化。他承认：'嗯，也许这对我来说太多了。'

　　"我继续跟他说：'你妻子也是人，她很累，你又经常出差，也许她需要你的关注和爱。我建议你回家后，别期待你的妻子做任何事，别指望她应该为你做什么，只送她一份礼物。为感谢她为你做的一切，为了她，为你孩子的母亲，把这些事持续做一个星期，之后如果你还想分手的话，就可以分手了。'

　　"他带着这个建议去尝试了一个星期。结果成功了，他们没有分开，依旧还在一起。仅仅过了一天，妻子就说：'我丈夫在精神上回到了我这里。'他只是忘记承担作为丈夫的责任，还是个好人。爱与关注往往足以改变一切。你要有警觉性，才能明白问题出在哪里。"

　　特罗还在旅行中为许多家庭和夫妻提供建议。他接着说："很多婚姻情感治疗师并没有问及事件的起因，以及到底为什么会发生。很多夫妻因此被治疗师引向了找不到解决方法的错误方向：他们往往只站在一边，但这绝不是事实，我们必须站在中间，看到两边。作为咨询师和治疗师，我们需要很多同理心，但只能感受到发生了什么。我在这里给你的选择，你可以遵循。我至少给了一个小小的建议，我给大家一个概览，回顾一下情况，以便大家拓宽思维。狭隘的思维是被自我控制的，他认为自己是对的，别人是邪恶的。"

对人际关系来说，重要的是：把人和行为分开。大多数人在车坏了的时候都会把车扔掉。在婚姻中也是如此，人们并不想修复什么，而是想彻底拒绝这个人。人无完人，每个人都会犯错。在第二次婚姻中，你期望这个错误不会再出现，可往往不是这样的，问题又会卷土重来。

人们很难看到自己的所作所为，这意味着，当有人抱怨时，他就会受到影响。

幸福的夫妻都有同理心吗？

两人一组的意思是：两个自我再聚在一起。这就造成了是两个独立的自我聚在一起，还是一个我们，抑或是一部分我们和剩下的部分由两个自我组成？爱情有时候很复杂，那么同理心是幸福的关键吗？

我问自己，在伴侣关系中同理心对幸福有多重要。我就此采访了几个人。首先是一对非常幸福的夫妻，他们是朋友，维多利亚和弗兰克。我们在汉堡城市公园见面，边喝咖啡边谈论同理心。他们有三个孩子，已经结婚好几年了。他们的双胞胎也在现场：整个采访过程中，我的腿上有一个熟睡的、很平静的宝宝。之后我和伊妮丝谈话，伊妮丝和阿恩特幸福地结了婚——仅仅六个月，他们就迈出了这一步，因为他们很清楚：他们属于彼此。我的初恋男友尤根，他现在是在婚姻失败后与GFK 的同事幸福地生活在一起，我和他也谈到了同理心在关系中的重要性。

同理心在关系中有多重要？

维多利亚说："我从不考虑自己是否有同理心。弗兰克说我有。当事情发生时，我不得不这样去表现。然后等他累了，等他忙完的时候，我就问他：'你明天需要休息两个小时吗？'我思考着，自己应该怎么帮助他，怎么才能做他坚实的后盾。"

弗兰克说："我那时比较理性，我对自己说：'要为自己的妻子做一点有益的事。'例如，如果我出远门，我想她应该需要自由空间。她出门后，我感到更加放松。我考虑一下，脑子里有了一个想法：如果我出门十天，即使从数字上来说，这也不公平。我清楚地看到面前的数字，并且我认为从长远来看，这肯定会造成不良情绪。"

从维多利亚的角度来看，弗兰克非常有同理心。她说："刚开始会有这样一个问题，有时候他问'这是什么'，我说'没事'。弗兰克不允许这样说。他说他看到了我眼中含着的敷衍。

"他从不让我生气和独自胡乱思考，有时在我自己意识到之前他就已经了解到了我的情况！他按照从一到十的进度跟我说一件事，让我没有办法逃避和感到委屈。当弗兰克看到我的眼泪时，我感觉自己像是被抓住了，这是我们关系中的稳定点：我们不会在争执中上床睡觉。"

两人相视一笑。弗兰克说："我们也非常了解对方，我知道她快乐的状态，一旦变得不爱说话或沉默，那么我最好询问一下……"

伊妮丝在谈到自己和阿恩特的关系时说："对我来说，伴侣关系中的同理心意味着要多问问自己，我的伴侣现在感觉如何，他需要什么，而不是想从伴侣那里期望得到什么。当然，我自己也不能吃亏。如果双方都以这种方式思考和生活，这将起到令人满意的结果。如果你有幸拥有一个以同样的方式思考和行动的伴侣，那么你就为建立真正幸福的伴侣关系奠定了坚实的基础。"

尤根·恩格尔说："对于我目前的伴侣关系来说同理心是

最重要的，我不想和没有同理心的人在一起，这对我来说太不舒服、太空虚了。没有高度的同理心怎么能使一段伴侣关系良好地运转呢？也许我可以找到一个商务伙伴，但我不会自愿为一个任性的人浪费时间。

"翻译过来，同理心的意思是：我很想让你感到幸福，我想知道你内心的想法。但我也希望能够分享我内心的想法，并且一起保守秘密，你不会因此而批评我。这需要展示脆弱，我敢展现自己的脆弱吗？

"我觉得展示我脆弱、愚蠢的一面安全吗？这也需要一定的考量。当伴侣中双方需求不同时，应该怎么处理？我们要怎么做，才能重归于好呢？"

在一段充满同理心的关系中需要多少坦诚？

弗兰克说："坦诚是很重要的，但人们不必努力去了解对方的所有问题。我们大致知道谁在做什么，已经足够了。关于伴侣关系的一切都很容易讨论：顺利或不顺利的。但当维多利亚遇到她的朋友们时，我不需要知道所有的事情，她回到家也不会再提起。在那里，她有时会发发牢骚：'让我做自己的事吧！'我没意见，每个人都需要思想自由。"

伊妮丝还谈到了夫妻之间需要多少坦诚才能彼此共情："我认为需要百分之百的坦诚。我深信，伴侣关系中的很多问题，都源于你没有考虑伴侣的看法或感受，而是从自己的想法和感受出发。我常听朋友们说：'他（她）们一定知道我的意思。'不！怎么知道？我们必须说出自己的感受和想法，否则对方没有机会对我们产生同理心。"

在你们的关系中，你聊了多少？

维多利亚和弗兰克说："我们彼此之间聊得很多，其至连小小的想法都会表达出来。我们早上用一个小时吃早饭，吃晚饭的时候会详细聊天，等孩子睡觉了还有时间聊天，再就是下班时间。我们总是从必须做或已经做的事情开始，我们必须解决的事情有什么。当我们中的一个人感觉有点过载，或出现问题的时候，就会导致了情绪话题。"

伊妮丝和阿恩特两人之间也经常交谈。伊妮丝说："我必须表达出自己的想法和感受。如果我不把事情说出来，我的伴侣就不会知道。这适用于与朋友、孩子、父母、同事之间的所有社会交往。我必须说出我想要什么，我的感觉，什么伤害了我——这是我的周围环境有机会同情我的唯一途径。"

需要多少沟通？大家也可以聊很多？

尤根说："是的，人们当然可以，我的伴侣想要说得比我更多。我也想有其他时间可以去看电影，做一些别的事情。这样谈话可能显得太多，从统计学上讲有这样一个趋向，女性想说的话比男性更多。"

什么是合理的度？它存在吗？

尤根说："你不能说得这么笼统。我想说，这要根据情况。因为我觉得当我们的联系不够时，我们最好做点什么。这就是为什么要提高警惕——当你开始远离他时，你就不得不提高沟通频率，这也是很容易做到的。"

如果夫妻不习惯聊天，应该多久聊一次？

尤根说："当我开始练习时，练习的频率相对较高。如果交流变得困难，那我就应该说得更多一些，这样人们也可以看到聊天的意愿。"

不聊天可以吗？

尤根说："真正在地表长出草来的情况极为罕见。事实上它在地下持续生长，最后在某个时候爆发。我认为不做任何处理，结果通常是糟糕的。"

如果一对夫妻非常了解对方，有些话是不是根本不需要说？

弗兰克说："有时候我憧憬着自己有休息时间，或者骑着摩托车到处逛逛。然后我就等着合适的时机把它说出来，但是维多利亚却经常问：'你不是想休息一天吗？我也正好想出门。'"

信任扮演了什么样的角色？

尤根说："信任在这里起着核心作用，这可能是最重要的需求。信任也不是简单'存在'的东西，我无条件地主动带来信任，我可以选择信任，但是当旧的伤口被带入这段关系时，信任就会变得很困难。一个女人会因为被骗过而变得有防备心，遗憾的是，这是她的问题，她必须选择信任，因为新伴侣的任务并不是为她疗伤。"

仪式是否有助于建立和保持联系？

维多利亚和弗兰克讲述道："以前，在有孩子之前，我们会有浪漫的早餐，如今都很少进行了。但某些仪式还是被保留了下来：比如，我们确保每个人的餐桌上都有自己喜欢吃的东西，并让大家可以平静地吃完东西喝完咖啡，平静地开始一天的生活。"

伊妮丝和阿恩特还维持着仪式感："我们每隔一周就过一个只属于我们的周末。我是二婚，周末休息的时候，孩子都是和他们的父亲在一起。对于有孩子的夫妻来说，有自己的时间是极其重要的，因为在日常的家庭生活中，伴侣关系通常会被忽视。

"周六早上，我们睡在床上，第一个睁开眼睛的人做第一轮咖啡。然后我们在床上躺很久，喝着咖啡，聊着天。周六上午是一个绝佳的机会，可以在轻松的氛围中，针对一些情况、压力和愿望进行深度谈话。这是我们的一个固定仪式，如果错过这个仪式我们都会怀念它的。"

你们如何互相关注？

维多利亚说："我们的感官是敏锐的，以确保我们的伴侣过得很好。我们不仅需要关注孩子们的幸福，也要关注夫妻本身的幸福。我知道一切都来自我们，我们是源头，只有我和弗兰克在一起快乐，整个家庭才会快乐，否则整个家庭就会坍塌。"

是什么让你们幸福？

弗兰克说："真正让我幸福的是，日常生活顺利进行。例如当我早上醒来，知道大家都很健康，很满足。我们都知道，当孩子们生病流鼻涕的时候有多累。"

豁达和沉稳会让人幸福吗？

维多利亚和弗兰克说："我们俩在很多事情上都很豁达。我们的婚礼让大家非常惊讶，我们很快就把桌布、鲜花选好了——是的，非常不简单。我们只知道，事先把一切都计划得很完美，这并不是最重要的，重要的是心情好，桌布不是那么重要，没有理由去生气。"

在人际关系中，人们能不能太有同理心？

弗兰克说："如果我经常被问到'你怎么看？这是什么'，我会很累，有时可以忽略它。是的，我可以想象到，一个人可能太有同理心。人们应该拥有平衡的同理心，这在选择伴侣时起着重要作用，所以我们两个是非常幸运的。"

如果在你这儿产生分歧，那原因是什么，弗兰克？

弗兰克说："这是最好的事情了！人们要找出原因，即使是我搞砸了，把原因弄清楚了，就放心了！"

维多利亚说："有时候答案也是'我还不知道。请让我一个人静一静，我一定要弄清楚'。"

你的行为触发了维多利亚的一些感受，接下来会发生什么？

弗兰克说："然后开始了长时间的讨论，我可能有可以理解的原因，为什么我这样选择而不是选择别的。"

维多利亚说："我们最长的讨论持续了两天。持续两天的争吵后，我们用谷歌搜索，两个人都面无表情。最终我找到了原因，之后我们同意儿子要正确地戴好头盔！"

弗兰克说："这涉及追求对错，有时候你可以接受另一面。"

你们能原谅对方吗？

弗兰克说："我们总是会微笑着说：'噢，得了吧，那只是又一次扯淡的争论，现在我们又和好了！'"

那么如何解决这种情况呢？

弗兰克说："我们有一个惯例，那就是不能错过任何一个笑话，要始终抱着开玩笑的态度看自己和对方，我们还经常互相开善意的玩笑。"

找到共同点有多重要？

维多利亚和弗兰克说："我们很相似，我们都很喜欢有客人，喜欢拜访朋友，喜欢去剧院，听音乐。有共同的观点，没有什么摩擦，我们的口味很相似，在食物方面也是如此，我们都不喜欢吃海鲜。"

伊妮丝和阿恩特也有很多共同点："在我们的关系中，我们在很多方面都有重要的相同点。我们喜欢旅游，也有同样的想法，我们独自去度假，是非常随性的。

"但另一个对我们也很重要的点是，彼此不必分享所有东西，我不会因为丈夫骑摩托车就突然要成为摩托车迷。当他和朋友们做摩托车周活动时，我就去爬山，或者去参加研讨会，这不会对我丈夫造成什么影响。"

尤根对共同点也有很好的体会："我曾经认为，共同点可以有，但不一定非要有，今天我觉得它们是必不可少的。试想我为什么要和一个没有相似想法和兴趣相投的人在一起？简单来说，这样就是比较有乐趣。当然俗话说，有不同点的人相互吸引，但有共同点更好。"

在一段关系中，什么对你们特别重要？

尤根说："认可是一个核心要素。人们必须表现出认可的态度——人们需要认可。伴侣们经常会想：噢，他（她）一定知道我觉得他（她）很棒，所以我不需要说这些！但是，需要说。我们每个人都需要！"

伊妮丝说："我认为人们需要定期在轻松的氛围中讨论烦恼、问题和感受，这对一段伴侣关系而言是至关重要的。常常告诉对方你的爱。总是用一点小东西给对方一个惊喜，然后问自己'今天我怎样做才能让他的日子过得更好一点？'。无论是在感觉不舒服的时候还是舒服的时候都要说这句话，'和你在一起真幸福'，这句话我很喜欢听，也很喜欢说！"

一段关系要怎样才能成功？

尤根说："伴侣关系是一个大的话题：人们必须认真对待它。你必须让伴侣关系成为想做的一项任务，它应该享有优先权。对于许多人来说，情况是这样的：他们关心工作、房子、朋友和爱好，然后才轮到伴侣关系。我认为这样的排序行不通，维持伴侣关系需要时间和精力。当然，这很复杂，但是人们应该问自己几个问题：这段关系有多重要？如何通过我的行动来表达重要性？我需要在日程表中为它留出时间吗？每对夫妇应该都能找到为彼此保留时间的方法。如果我的车有问题，我会把它带到车厂去寻求帮助；如果水龙头开始漏水，我就去找一个水电工帮忙。但大家不会去看恋爱医生，其实去看恋爱医生应该是简单而有效的，大家不做这样的事情，就像人们认为去看心理医生就意味着脑子有问题一样。"

　　在这些夫妻中，都体现出了认知同理心（主动思考对方可能需要什么）和情感同理心（"我看到了他的眼泪"），双方都高度关心对方，希望给对方最好的，但也没忘记自己。从大局出发，关系或家庭都是伴侣双方的最终目标，而不仅仅是自己。两个自我都应该被看到，并参与到"我们"这个整体中：贴心而充满爱意地对待彼此。这种满怀同理心的接触，会产生亲密感，有时候更胜过自己想要的事物。美好的事情是：两人都怀有同理心并可以创造幸福！

↖ 同理心冲动

　　肯定结论：我爱着她的一切。

　　★ 爱一个人，就是要敞开心扉。

　　★ 爱一个人，就是在早晨问：我怎样才能让你的生活更美好？

　　★ 爱一个人，就是同样爱自己。

　　★ 爱一个人，就是要感他所感，想他所想。

　　★ 爱一个人，就是把一部分自我投注在"我们"这个整体上。

　　★ 爱一个人，就是要珍惜和保护这段感情。

★ 爱一个人，就意味着要活在同样的坦然和信任当中。

★ 爱一个人，就是亲近和吸引。

·同理心革命

当一个人着手写一本主题庞大的书时，背后一定有一个愿景。所以经常有人问我，作为一个语言培训师，怎么会来写一本关于同理心的书，因为那可能是两个主题完全不同的东西！

对我来说，这两个主题相差不大。声音、调节、设计、选词，这一切在我看来都是反射内心态度的结果，内心态度是表达的基础。我到底愿不愿意考虑对方的动机、需求和感受？我有多在意自己说话的正确性？是否有人说过我擅于领会别人的感受？是否有人说过我是善良、善解人意和温柔的人？爱情到底是什么样的？

当我在说话间问自己这些问题时，就不得不检查自己的态度，于是我的愿景就这样发展起来了。起初我对共情演讲很着迷，后来又去研究讲座和研讨会，再后来，我对研究彼此间同理心交往的渴望越来越强烈。

我越来越清楚地认识到，不但是我，而是所有人都希望以充满同理心、清晰而有效的方式进行表达。这个愿望变得更深了：希望通过充满爱的、赞赏的声音，让世界变得越来越美好，无论是大的地方还是小的地方。也许认为这些想法能改变什么是天真的，但愿景是要用行动来实现的。

特罗对我们的社会也有很大的憧憬，为了这个愿景他去全世界旅行。他希望帮助人们更好地与自己和他人相处：仅仅是为了成为更好的人。为此，他和斯里兰卡的教师建造一所主日学校（Sri Sumedha Dhamma）①，资金完全来自捐款，他的愿景激励了很多人，学校是在周边很多人的帮助下一起建立起来的。在这里，他也想为培养具有良好价值体系和健康道德观的人做出贡献。

我问他，我们如何才能使社会发生持久的变化？他回应道："人们必须认识到，生命不是'永久'的，它是有限的，这就是伟大的人生观。当你意识到这一点时，你的观点就会改变。那么，也许人们终于不会再浪费自己的钱，开始享受生活，而不是总是赚钱。

"人们会从互相尊重开始。每个人都是平等的，都是一样的敏感。我们的憎恶都是相同的，这就是人性的基础。比如，我们都不喜欢被惩罚，我们都是平等的，不分种族、宗教和肤色。"

他的话让我很感动。基本价值和人性，可以这么简单，不是吗？让我们花时间多想想我们的价值是什么，我们如何活出

---

① 主日学校：又称星期日学校，英、美诸国在星期日为在工厂做工的青少年进行教育的免费学校。

人性。这些价值观和话语到底意味着什么，我们给它们多少空间。我们意识到自己生活在自我和他人间的动态平衡状态之中，如果能玩转这种平衡，就能更容易充满爱意地仔细权衡、伸出援手、敞开心扉。在数字化、个性化、利益化和处处快节奏生活的时代，基本价值观必须发挥更大的作用。

我相信，一场同理心的革命是可能的。我对这个世界的憧憬是，每个人都学会观察自己的外在和内心，让自己能真正受到触动。为此，他有必要使自己的感知力更加敏锐，从而成长为一个自信的人，敢于去感受自己和他人，了解自己人性的方方面面，当这些能够实现时，往往会出现一个小小的奇迹。

同感人群体正在崛起。

在我们谈话的结尾，尤根·恩格尔总结道："同理心是革命性的，这是一个人能够给自己的最大礼物，没有什么比清醒地活着、感知自己、清楚自己真正想要的东西更充实的了。同理心使我们与他人建立了更深厚的联系，在这方面，它就像一份大礼。我有时会想摇醒人们并说道'没有什么比经营自己的内心更有价值'。"

在这个意义上——让我们开始一场革命吧！

愿你们都能体验到幸福与和谐。

愿我们每个人都能贡献一份力量。

致 谢

:

我要感谢乌特·弗洛肯豪斯（Ute Flockenhaus）先生，没有他的推动，这本书就不会写成。非常感谢他的辅导和对这个主题的升华！

另一个需要感谢的是优秀编辑乌尔里克·霍尔曼先生（Ulrike Hollmann），他在升华主题、磨砺思想、消除不合理内容和强化不确定因素方面起了重要作用。感谢他对我的关注和对不合理问题的巧妙、恳切的询问。此次合作对我而言就像一场庆典一样珍贵！

感谢 GABAL 出版社的桑德拉·克雷布斯女士（Sandra Krebs），她从一开始就对这本书充满信心，并陪伴我迈出了第一步。

感谢我的家人、我伟大的小女朋友（指女儿）、我最伟大的批评家和生命中最亲密的人：我的玛丽恩。你曾多次批评我："你写错书了！你根本就不了解我！"谢谢你，亲爱的。我正在练习，我爱你。

感谢特罗。你亲切的语言、开朗的性格、迷人的幽默让我在斯里兰卡的采访成为一次难忘的经历，让我受益匪浅。

谢谢你，布丽塔，谢谢你把特罗带进我的生活！

感谢阿育吠陀山庄酒店（Ayurveda Mountain Villa Hotels）的全体团队，它是我在斯里兰卡另一种意义上的家。

感谢所有在写作阶段支持我的朋友们。我特别感谢马丁、简、托马、卡文、英卡、珍妮、伊妮丝、克斯汀、布丽塔、米歇、卡斯滕和文斯：你们像金子一样闪闪发光！

感谢我的家人。是你们让我成为今天的我，致敬所有的挑战：感谢我们共同走过的人生之路。

非常感谢我所有的采访伙伴。你们给了我很多启发！感谢伊妮丝和阿恩特、维多利亚和弗兰克，这些幸福的夫妻们。感谢尤根·恩格尔、马蒂亚斯·阿尔伯斯、克里斯汀·贡德拉赫和沃尔夫冈·克吕格博士。

感谢我的瑜伽老师佩特拉·阿尔及尔（Petra Algiers），她每次都能以不经意地提点给我上一节课。亲爱的佩特拉，每隔一小时，我就可以把一个新的同理心思想带回家！

　　我还要感谢一些同事多年来的陪伴、建议和启发：乌尔里克·舒尔曼，伊曼纽尔·科赫，克里斯蒂安·布赫霍尔茨，马丁·拉斯科尼格，约阿希姆·鲁莫尔，丹妮拉·德卢戈施，卡佳·斯特岑巴赫，克劳迪娅·基米奇，卡斯塔·斯特龙伯格，托马斯·弗吕温，迈克尔·吉尔兹，尼尔斯·鲍默和亚历山大·格罗斯。很高兴你们来到这里，我们的感情已经远远超过同事之谊了！